C.H.BECK ◼ **WISSEN**
in der Beck'schen Reihe

Bernd Ulrich schildert anschaulich und kenntnisreich Vorgeschichte und Verlauf der Schlacht von Stalingrad. Deutlich wird so ihre Bedeutung in einem Vernichtungskrieg, in dem sich zwei totalitäre Systeme gegenüberstanden. Der «Schicksalskampf an der Wolga» war indessen weder kriegsentscheidend noch die verlustreichste Schlacht des Zweiten Weltkriegs. Gerade deswegen stellt sich die Frage, wie «Stalingrad» zum Inbegriff einer Katastrophe und zum Ursprung eines bis heute lebendigen Opfermythos werden konnte.

Bernd Ulrich ist Historiker und Publizist in Berlin. Zahlreiche Veröffentlichungen zur Militärgeschichte und zu den beiden Weltkriegen. Im Frühjahr 2005 erscheint ein von ihm und Manfred Hettling herausgegebener Band zum Bürgertum nach 1945.

Bernd Ulrich

STALINGRAD

Verlag C. H. Beck

Mit 3 Abbildungen und 2 Karten

Originalausgabe
© Verlag C. H. Beck oHG, München 2005
Gesamtherstellung: Druckerei C. H. Beck, Nördlingen
Umschlagmotiv: Sowjetische Soldaten im Straßenkampf, Stalingrad,
Januar 1943. Aus: Stalingrad erinnern. Stalingrad im deutschen
und im russischen Gedächtnis. Ausstellung im Deutsch-Russischen
Museum, Berlin-Karlshorst; Christoph Links-Verlag, Berlin 2003.
Umschlagentwurf: Uwe Göbel, München
Printed in Germany
ISBN 3 406 50868 5

www.beck.de

Inhalt

Prolog	7
I. Der Überfall	**9**
1. Sieg und Niederlage	9
2. Mord und Terror	20
3. «Operation Taifun»	28
II. Im Kessel oder Eine Armee verschwindet	**37**
1. Der Krieg als Willensakt	37
2. Ein neuer Plan	43
3. Auf nach Stalingrad – Die Stadt als Symbol	53
4. Der Vormarsch der 6. Armee	63
5. Der Ring schließt sich	73
6. «Stalingrab» – Hunger, Verwundung, Tod	88
III. Nach der Schlacht	**101**
1. «Heldenepos» – Die Verlierer	101
2. Triumph und Elend – Die Sieger	112
Epilog	117
Quellen und Literatur	124
Nachweis der Abbildungen und Karten	126
Register	127

Die «Madonna von Stalingrad»,
die der Pfarrer und Militärarzt Kurt Reuber (1906–1944) Weihnachten 1942
in Stalingrad auf die Rückseite einer russischen Landkarte zeichnete,
wurde in den vergangenen Jahrzehnten zu einem der wichtigsten Symbole
des Gedenkens an die deutschen Opfer der Schlacht.
Seit 1983 hängt die Zeichnung in der Kaiser-Wilhelm-Gedächtniskirche
in Berlin.

Prolog

> «Deutschland wird einmal ein Stalingrad
> im Quadrat sein!»
> *General der Artillerie Walther von Seydlitz,
> nach der Schlacht*

«Wenn es dunkel wird bei Stalingrad kommen die Dealer!» Stalingrad – ein historisches Ereignis, ein geschichtlicher Ort, dem das unbefangene Publikum immer wieder begegnet, wie etwa in diesem ersten Satz eines Zeitungsartikels vom April 2004. Als mittlerweile längst vergangener Name für eine Stadt ist «Stalingrad» ebenso im Umlauf wie als Chiffre für eine Schlacht, als Mythos einer untergegangenen, zuvor schmählich verratenen und als unbesiegbar geltenden Armee – oder eben auch als bloße Bezeichnung für eine Pariser Metrostation im 19. Arrondissement, die in Erinnerung an die Schlacht seit dem Ende des Zweiten Weltkrieges so heißt. Und natürlich nutzt der Frankreichkorrespondent des Schweizer «Tagesanzeigers» in seinem Bericht den Namen «Stalingrad» als Aufhänger. So kann dem in diesem Stadtteil ansteigenden Drogenkonsum und der damit einhergehenden Beschaffungskriminalität, über die er berichtet, von vornherein jener düstere Anstrich verliehen werden, der die Zeitungskonsumenten geradezu zwingt, den Artikel nicht nur «anzulesen».

Bis heute weckt der Name «Stalingrad» – selbst bei Menschen, die nur wenig über die Schlacht wissen – eine diffuse Aufmerksamkeit. Sie wird genährt von den zumeist medial verbreiteten, filmisch aufbereiteten Versatzstücken des «Schicksalskampfes an der Wolga», bestimmt von Hitlers Durchhaltebefehlen, dem Kadavergehorsam seiner die 6. Armee führenden Generalität und von der Leidensfähigkeit der einfachen Soldaten. Stalingrad: Stadt und Erinnerungsort in einem, Exempel einer Katastrophe, deren publizistische, mediale und literarische Rekonstruktion schließlich vor allem in den fünfziger und sechziger Jahren regelmäßig auch für die Deutung der deutschdeutschen Geschichte instrumentalisiert wurde.

Der Kampf um das sowjetische Industriezentrum Stalingrad im Winter 1942/43 geriet so zum Inbegriff aller Schlachten des Zweiten Weltkriegs und zum Fanal der deutschen Niederlage. Das ist umso erstaunlicher, als «Stalingrad» aus militärhistorischer Sicht weder kriegsentscheidend war noch, wenigstens für die Wehrmacht, zu den verlustreichsten Schlachten gehörte. Dennoch wurde aus ihr in Deutschland ein Untergangs- und Opfermythos modelliert, der seine Wirkungskraft teilweise bis heute erhalten hat. Auf der anderen Seite ist das heutige Wolgograd für viele Russen nach wie vor mit dem Mythos der Unbesiegbarkeit der Roten Armee verbunden.

Zur Metapher für die sinnlose Opferung einer Armee oder zum Signum militärischer Allmacht allein kann Stalingrad allerdings nur dem werden, der bereit ist, einen dünnen Firnis für das Fundament des ganzen historischen Vorgangs zu halten. Die Schlacht in Stalingrad bleibt eingebettet in einen durch Deutschland von Anfang an geplanten und umgesetzten Vernichtungskrieg, in einen alsbald apokalyptische Züge annehmenden Kampf, der sich vor dem Hintergrund der Konfrontation zweier totalitärer Systeme vollzog. Der Schauplatz ihrer Konfrontation war die in Deutschland so genannte Ostfront. Keine andere Front des Zweiten Weltkriegs hat – in der kalten Sprache der Generalstäbler – so viele Menschen und so viel Material «verbraucht», nirgendwo anders als hier realisierten sich so leidbringend und umfassend die verbrecherischen Mordpläne des NS-Regimes und – kaum entschuldbar, zunächst aber in der Verteidigung gegen einen unmenschlichen Feind – das gegen Volk und Armee gerichtete Terrorsystem des Stalinismus.

Der Kampf um das «Industriezentrum an der Wolga» im Herbst und Winter 1942/43 bildete so gesehen nur eine und nicht einmal die verlustreichste Etappe in einem allumfassenden Vernichtungskrieg. Und nur in dem durch ihn vorgegebenen Kontext kann die Schlacht um Stalingrad auch angemessen geschildert werden. Eine tiefgreifende Zäsur bildete sie gleichwohl; «Stalingrad» steht schlicht, wie es Marschall Georgi Schukow in seinen Erinnerungen formulierte, für den «Beginn der Vertreibung des Gegners».

I. Der Überfall

«Feldzug im Osten entschieden!
Die große Stunde hat geschlagen!»
*Schlagzeile des «Völkischen Beobachters»
am 11. Oktober 1941*

1. Sieg und Niederlage

Im Frühherbst 1941 schien den Deutschen der Sieg sicher zu sein. Was zuvor schon in den Kriegen gegen Polen, Norwegen, Dänemark und Frankreich und eben erst in den Angriffen auf Jugoslawien und Griechenland militärisch eindrucksvoll unter Beweis gestellt worden war, bestimmte offensichtlich auch den Überfall auf die Sowjetunion: Blitzkrieg-Operationen, die selbst für die Aggressoren überraschend schnell durchgeführt wurden. Drei mächtige Heeresgruppen der Wehrmacht waren gemeinsam mit den ihnen zugeordneten Luftflotten seit 3 Uhr in der Nacht zum 22. Juni 1941 in voller Breite auf dem Vormarsch. Auf den Tag genau, am 22. Juni 1812, hatten 129 Jahre zuvor auch Napoleons Armeen die Grenze zum damaligen Russland überschritten. Doch ungeachtet dieser historisch bedenklichen Parallele verlief vorerst anscheinend wieder einmal alles so, wie es ein Gefreiter vom Stab eines Artillerieregiments in einem Feldpostbrief noch am Samstag, den 21. Juni, tröstend an seine Angehörigen geschrieben hatte: «Ihr braucht Euch aber keine Sorgen zu machen, denn alles ist so vorbereitet, dass kaum etwas passieren kann.»

In diesem nach Hitlers Worten «größten Kampf der Weltgeschichte» sollte das Erreichen einer Linie zwischen Archangelsk im hohen Norden am Weißen Meer und dem am Kaspischen

Meer gelegenen Astrachan das vorerst festgelegte, operative «Endziel» bilden. Der gewaltige Strom Wolga und sein Verlauf markierten in etwa die östliche Grenze des zu erobernden Zwischenraumes. Die davor stehenden sowjetischen Einheiten sollten unter schnellem und massivem «Vortreiben von Panzerkeilen vernichtet» sowie «der Abzug kampfkräftiger Teile in die Weite des russischen Raumes verhindert werden», wie es die bereits am 18. Dezember 1940 herausgegebene Weisung Nr. 21 forderte. Damit war vorgesehen, einen zwischen 1500 und 2000 Kilometer tiefen Raum sowjetischen Staatsgebietes zu erobern. Darüber, wie der Krieg nach dem eventuellen Erreichen dieses Zieles zu beenden oder auch fortzuführen wäre, schweigen die militärischen Weisungen und Befehle. Doch komme es – sobald der so sicher wie überheblich rasch erwartete Zusammenbruch der Roten Armee erfolgt war – in den gewiss einsetzenden Verfolgungsoperationen darauf an, möglichst schnell sowohl das «wehrwirtschaftlich wichtige Donez-Becken» mit seinen Erzvorkommen und die kaukasischen Erdölfelder als auch das politisch wie wirtschaftlich bedeutsame Moskau und damit den in der Stadt gelegenen zentralen Eisenbahnknotenpunkt zu besetzen bzw. «auszuschalten».

So sicher war man sich dabei einer kurzen, erfolgreichen Invasion, dass die vorgesehene Ersatzlogistik der siegesgewohnten Wehrmacht mehr als mangelhaft war. Während die Munitionsbevorratung auf immerhin ein Jahr ausgelegt war, umfasste die des fahrenden und stationären Gerätes nur drei Monate. Ähnlich – je nach Standpunkt – optimistisch oder fahrlässig sah es mit den Treibstoff- und Schmiermittelvorräten aus. Noch unmittelbar vor Beginn des Überfalls wies der so genannte Generalbevollmächtigte für das Kraftfahrwesen darauf hin, dass «Betriebsstoff» – im Wesentlichen Benzin und Dieselöl – nur für drei Monate vorhanden sei, bei einem durchschnittlichen Verbrauch der Angriffsarmeen von circa 240 000 Tonnen pro Monat. Danach stünden allenfalls noch 50 000 Tonnen zur Verfügung, «falls nicht neue Betriebsstoffquellen fliessen». Ganz zu schweigen vom Zustand der Kleiderkammern: Der Winter war in diesem Feldzug nicht vorgesehen.

Doch auch der an sich eher vorsichtig agierende Generalstabchef des Heeres, Generaloberst Franz Halder, zeigte sich zunächst siegesgewiss. Bereits am 3. Juli 1941 erklärte er in seinem Kriegstagebuch den Krieg gegen die Sowjetunion für praktisch beendet. Es sei, so die immer wieder zitierte Passage, wohl kaum übertrieben zu sagen, «dass der Feldzug gegen Russland innerhalb 14 Tagen gewonnen wurde». Zwar werde namentlich die «Weite des Raumes», aber auch die zu diesem Zeitpunkt schon vielfach von der kämpfenden Truppe gemeldete «Hartnäckigkeit des mit allen Mitteln geführten Widerstandes» die vorrückende Armee wahrscheinlich «noch viele Wochen beanspruchen». Aber das Hauptziel des Krieges, die Niederwerfung der Sowjetunion, sei erreicht. Noch knapp drei Monate später, am 1. Dezember des Jahres, attestierte der Oberbefehlshaber des Heeres, Generalfeldmarschall von Brauchitsch, der Roten Armee den völligen Verlust aller Reserven.

Die Einschätzung der beiden hohen Offiziere basierte auf den immensen Verlusten der Roten Armee zu jenem Zeitpunkt. Seit Beginn des Überfalls am 22. Juni 1941 bis Anfang Dezember waren über 2,5 Millionen sowjetische Soldaten in großen Umfassungs- und Kesselschlachten gefallen und nahezu 3,5 Millionen in deutsche und das hieß nur allzu oft in eine Gefangenschaft ohne Wiederkehr geraten. Der Angriff der mit über 3 Millionen deutschen und nahezu 700 000 im weiteren Verlauf beteiligten finnischen, rumänischen, italienischen, ungarischen, kroatischen und spanischen Soldaten angetretenen Wehrmacht schien unaufhaltsam. Ausgerüstet mit 3400 Panzern, über 7000 Geschützen aller Kaliber, circa 1,2 Millionen Fahrzeugen, Spähwagen und Pferden überrannte und vernichtete die deutsche Streitmacht unaufhaltsam – so hatte es zumindest den Anschein – die Rote Armee zwischen Ostsee und Schwarzem Meer. Fast 3000 Flugzeuge aller Art hatten die vorläufige Luftherrschaft errungen, brachen jeden die Bodentruppen hemmenden Widerstand, übernahmen die weiträumige Aufklärung und bombardierten in umfänglichem Maße die größeren sowjetischen Städte. Bereits einen Monat nach Beginn des Überfalls begann die deutsche Luftwaffe mit ihren Angriffen auf Moskau.

I. Der Überfall

Die militärischen Erfolge, unablässig der Heimat und der Welt über Sondermeldungen verkündet, waren gigantisch. Schon in der ersten großen Doppelschlacht bei Minsk Anfang Juli 1941 wurden 20 sowjetische Divisionen vernichtet, fast 4000 Panzer erbeutet oder zerstört und über 360 000 Soldaten gefangen genommen. Die im August 1941 im Bereich der Heeresgruppe Süd zerschlagenen sowjetischen Armeekorps hinterließen über 660 000 Rotarmisten in deutscher Hand. Hungernd und durstend wurden sie über die staubigen Rollbahnen in erste Auffanglager getrieben.

Die insgesamt rasche und von relativ wenigen eigenen Verlusten begleitete Offensive der Wehrmacht – in den ersten zwei Monaten waren «nur» 46 000 Mann getötet und gefangen genommen worden oder wurden vermisst – wurde indessen durch die mehr oder weniger desolate Verfassung der Roten Armee erleichtert. Erdrückt und vor allem völlig überrascht von der Wucht des deutschen Angriffs, wichen an nahezu allen Orten des Zusammentreffens mit der Wehrmacht die rund 3 Millionen an der sowjetischen Westgrenze stationierten Soldaten der Roten Armee zurück – wenn sie noch die Zeit dazu hatten. Unterdessen wurden die ihnen zur Verfügung stehenden rund 10 000 Panzer, die auf einzelne Korps verteilt und nicht wie in der deutschen Armee in Panzerarmeen zusammengefasst waren, sowie die 7500 Flugzeuge der Roten Luftflotte vernichtet oder erbeutet. Manche kleinere Einheiten der Roten Armee ergaben sich kampflos, in einzelnen Divisionen, wie etwa innerhalb der 229. Infanterie-Division, desertierten fast drei Viertel der Soldaten noch vor der Feindberührung. Eine demoralisierte Stimmung machte sich in vielen Verbänden breit, die, sofern sie die erste Woche überstanden, teilweise völlig isoliert und ohne jede Verbindung zu höheren Kommandostellen kämpften.

Die sowjetischen Divisionen waren mit ihren damaligen Hauptkräften dicht hinter jener neuen Grenze aufgestellt, die zwischen der sowjetischen und der deutschen Führung auf Kosten des nun nicht mehr existenten Polens festgelegt worden war. Ihre Massierung, nicht zuletzt in einigen weit in die von den Deutschen okkupierten polnischen Landesteile hineinreichenden Gebieten wie etwa bei Bialystok, schien allerdings die deutsche Armeeführung im Vorfeld des 22. Juni 1941 kaum zu beunruhigen. Und auch Joseph Goebbels triumphierte noch gut eine Woche vor Beginn des deutschen Angriffs in seinem Tagebuch: «Die Russen scheinen noch gar nichts zu ahnen. Jedenfalls marschieren sie so auf, wie wir es uns nur wünschen können: dick massiert, eine leichte Gefangenenbeute.»

Zu einer solchen wurde die Rote Armee in der Tat, unübersehbar für alle Beteiligten, in diesen ersten Wochen und Monaten des Krieges. Über die Gründe ist vielfach gerätselt worden. Und wie immer in der Geschichte gibt es für einen bestimmten Verlauf immer ein ganzes Bündel von Ursachen und Bedingungen. Für die deutsche Führung und Adolf Hitler selbst waren die Siege des Sommers 1941 ein weiterer Beweis für die Unfähigkeit der militärischen Führungskader in der Roten Armee und die gegen Null tendierende Kampfkraft ihrer Verbände.

Einen ersten eindrucksvollen Beleg dafür hatte der sowjetische Winterkrieg gegen Finnland im Jahre 1939/40 geliefert. Trotz völliger personeller und materieller Überlegenheit war es der Roten Armee seit dem 30. November 1939 und den ganzen Winter über nicht gelungen, die von der finnischen Armee gehaltene, mit Bunkern und Unterständen geschickt bestückte so genannte Mannerheim-Linie zu überwinden. Einzelne Verbände, denen an einigen Stellen der Durchbruch gelang, wurden von kleinen, aber hoch spezialisierten und besonders für den Winterkampf in den karelischen Wäldern bestens ausgebildeten finnischen Ski-Trupps unter Anwendung der so genannten Klafter-Taktik vernichtet: das hieß nichts anderes, als dass die durchgebrochenen sowjetischen Verbände, gleichsam der Holzblock, durch immer wieder vorgetragene Angriffe aus dem Hinterhalt voneinander getrennt, eben in einzelne Klafter aufgeteilt und «zerrieben» wurden. Allein im Verlauf der ersten vier Monate dieses Krieges waren nahezu 130 000 Rotarmisten in den Kampfhandlungen gefallen, schlicht verhungert oder, verursacht durch ihre völlig unzureichende Winterausrüstung, jämmerlich erfroren. Erst nachdem Ende Januar 1940 Marschall Timoschenko die Führung übernommen hatte und neue, verstärkt mit Panzern ausgestattete Divisionen in die Schlacht geworfen wurden, wendete sich das Blatt zugunsten der Sowjets. Zu einer Okkupation Finnlands war die Armee freilich nicht mehr fähig, und so einigten sich beide Seiten in einem «Friedensvertrag» (12. März 1940) darauf, dass Finnland die von der Sowjetunion geforderten Gebiete, insbesondere die karelische Landenge, abzutreten hatte, aber immerhin seine Unabhängigkeit erfolgreich verteidigt hatte.

Innerhalb der sowjetischen Führungsetagen, in institutioneller Gestalt des Zentralkomitees und des Militärrates, löste der desaströse Verlauf des Winterkriegs gegen Finnland ein kleines Erdbeben aus. Der seit 1925 als Volkskommissar für Verteidigung amtierende, als Vertrauter Stalins geltende und seit den Tagen des Bürgerkriegs von einem gewissen, freilich völlig unverdienten Nimbus umgebene Kliment Woroschilow – nach einem unverblümten Wort Chruschtschows aus den fünfziger Jahren der «größte Sack Scheiße in der Armee» – wurde abgelöst und im April 1940 durch Timoschenko ersetzt. Er stand für die Reinstallierung militärischer Professionalität in der Roten Armee und für die allmähliche Zurückdrängung der Politoffiziere, deren verhängnisvoller Einfluss auf die Truppenführung im Krieg gegen Finnland überdeutlich geworden war.

Mit weiteren Neuerungen und Verbesserungen in Disziplin und Ausbildung wurde begonnen, wenngleich nur zaghaft. Nach wie vor jedoch behielt die grundsätzliche, vom sowjetischen Generalstab verordnete Großstrategie der Roten Armee ihre Gültigkeit. Sie aber ging von einer offensiven Ausrichtung der Streitkräfte aus. Der «Geist» dieser Offensivstrategie war indessen nicht auf der Höhe der Zeit. Denn sie folgte einem zweistufigen Etappenmodell, nach dem unmittelbar nach einer Kriegserklärung zunächst versucht werden müsse, in einer Art Vorgeplänkel die Bereitstellung und den erwarteten Aufmarsch des Feindes zu stören, bevor die eigentlichen Hauptstreitkräfte in einem begrenzten Offensivstoß auf das feindliche Gebiet vorrücken und die Hauptstreitmacht des Feindes vernichten sollten.

Das beste Anschauungsmaterial für die Antiquiertheit solcher Vorstellungen hatten im unmittelbaren Vorfeld des deutschen Überfalls die «Blitzkriege» der Wehrmacht geboten. Sie hatten vor allem eines gezeigt: dass damals moderne und zumindest in ihren Angriffsspitzen motorisierte Armeen fähig waren, einen ersten vernichtenden Offensivschlag, geprägt durch die bewegliche Kampfführung im Verbund von Panzern, Flugzeugen, Artillerie und Infanterie, gleichsam aus dem Stand heraus zu führen – und Vorhut- oder Störgefechte zur Abwehr gar nicht mehr die Chance hatten, sich wirksam zu entfalten.

Die einzige sichtbare Konsequenz der sowjetischen Führung aus den «Erfolgen» der Wehrmacht in Polen, Frankreich und Skandinavien bestand jedoch vorerst darin, sich der in ihren östlichen Landesteilen gelegenen, im geheimen Zusatzprotokoll mit den Deutschen nach der gemeinsamen Okkupation Polens vereinbarten territorialen Einflusssphären zu versichern. Über 500 000 Rotarmisten besetzten prompt am 17. Juni 1940 in einer Nacht- und Nebelaktion, selbstverständlich nach propagandistisch inszenierten «Provokationen» bzw. «Hilferufen», die baltischen Staaten sowie nur elf Tage später – über das Zusatzprotokoll hinaus, doch mit ausdrücklicher Billigung Hitlers – die Rumänien abgepressten Provinzen Bessarabien und große Teile der Bukowina. Der gleich miteinziehende sowjetische Geheimdienst NKWD vermochte – ähnlich wie schon im ehemaligen Ostpolen – nun auch hier seine terroristische, die Menschen entwürdigende und todbringende Macht zu entfalten. Allein in Estland, Litauen und Lettland wurden binnen kurzem fast 130 000 Menschen umgebracht. Unterdessen setzte sich im militärischen Bereich fort, was vor allem Stalin in weitgehender Übereinstimmung mit dem Generalstab unmittelbar nach der Besetzung Polens angeordnet hatte: die Aufgabe der alten, «Stalin-Linie» genannten Befestigungsanlagen auf sowjetischem Kerngebiet und die Errichtung neuer Verteidigungszonen sowie die Dislozierung starker Truppenverbände in Nähe zur neuen Westgrenze. Es war deren Massierung, die Goebbels in seinem Tagebuch von erwartbar «leichte(r) Gefangenenbeute» schreiben ließ – und die bis heute immer wieder die Diskussion darüber entfacht, ob die Rote Armee nicht doch einen Präventivkrieg gegen Deutschland geplant habe. Doch spricht für solche etwaige Absichten so gut wie gar nichts.

Für die sowjetischen Militärs, die auf ausdrücklichen Befehl Stalins handelten, dokumentierte sich in der Verlegung der Truppen auch weiterhin das zweistufige Etappenmodell der generellen Offensivstrategie, nur eben unter veränderten geographischen Bedingungen. Und Zeit genug, die neuen Befestigungsanlagen auszubauen, schuf ja, so hatte es den Anschein, die Außenpolitik Stalins. Beide Diktaturen, Deutschland wie die Sowjetunion, hatten ein Interesse daran, den von beiden Seiten erwarteten und schließlich von Deutschland angestrebten und ausgelösten Krieg vorerst aufzuschieben. Diese Interessenlage führte bekanntlich im August 1939 – zur Überraschung der Welt – zum «Nichtangriffspakt» zwischen Deutschland und der Sowjetunion. Flankiert wurde dieser Vertrag von einem Handelsabkommen, das vor allem dem Deutschen Reich Rohstoffe und Nahrungsmittel in riesigen Mengen zusagte, deren Lieferung auch vertragstreu buchstäblich bis zur letzten Minute vor dem deutschen Überfall eingehalten wurde. In der Erfüllung der vertraglich festgelegten deutschen Zahlungen und Gegenlieferungen, vor allem Maschinen, aber auch Baupläne neu entwickelter Schlachtkreuzer, war demgegenüber schnell ein Rückstand erkennbar.

Das politische und nicht zuletzt militärische Kalkül beider Seiten, das hinter dieser Annäherung der Diktaturen stand, bleibt nach wie vor umstritten. Und auch im Rahmen dieser Darstellung kann es nur skizziert werden. Stalin schien fest damit zu rechnen, dass sich das nationalsozialistische Reich – nach der gleich darauf erfolgenden, gemeinsamen Zerstückelung Polens – in den zunächst auf den Westen konzentrierten Kriegen verausgaben, jedenfalls für längere Zeit gebunden sein würde. Die so mehr erhoffte als dann tatsächlich eintretende Atempause in der Konfrontation beider totalitärer Systeme sollte die notwendige industriell-ökonomische und vor allem die militärische Aufrüstung ermöglichen. Diese wiederum sollte die Sowjetunion in den Stand setzen, jedem potenziellen Angreifer Paroli zu bieten und zugleich die bis dahin erreichte imperiale Ausdehnung der kommunistischen Großmacht in Osteuropa zu sichern. In einem absehbaren Konflikt mit *den* imperialistischen Mächten, deren

Schwächung durch Hitlers Armee ebenso sicher erwartet wurde, wollte die UdSSR dann als alles entscheidende Macht auftreten.

Hitlers Motive waren demgegenüber kurzfristiger und eher situationsabhängig. Sein Bündnis mit dem verhassten «bolschewistisch-jüdischen System», dessen Schmähung und Verteufelung auf der Agenda deutscher Propaganda noch bis kurz vor dem Vertrag mit der Sowjetunion ganz oben stand, gehorchte in erster Linie dem Ziel, der Wehrmacht in der bevorstehenden Okkupation Polens und im Krieg mit den Westmächten den Rücken frei zu halten. Damit sollte das seit dem Ersten Weltkrieg durch alle militärischen Planungen geisternde Trauma des Zweifrontenkriegs schon im Ansatz verhindert werden. Das allem übergeordnete und in der NS-Programmatik fest verankerte Ziel, «Lebensraum im Osten» zu gewinnen, blieb davon ganz unberührt und in seiner Intensität schließlich so übermächtig, dass schon der schnell fehlschlagende Versuch, Großbritannien zur Aufgabe zu zwingen, dieses Ziel wieder in den Vordergrund rückte und in der genannten Weisung Nr. 21 mitsamt den darin festgehaltenen Operationszielen seinen vorläufigen Niederschlag fand. Langfristig gesichert werden sollte damit die deutsche Hegemonie in Europa, unter gleichzeitiger Vernichtung des kommunistischen Machtsystems und damit auch des mit diesem Machtsystem identifizierten «Weltjudentums» – und zwar noch bevor ein sich abzeichnender Weltkrieg unter Beteiligung der USA Realität werden konnte. Der Krieg gegen die Sowjetunion musste daher von möglichst kurzer Dauer sein und ein drohender Abnutzungskrieg auf jeden Fall verhindert werden. Sofern dies nicht gelang, war das langfristig als Siedlungsland für deutsche Kolonisten verplante sowjetische Staatsgebiet umso rücksichtsloser hinsichtlich seiner Nahrungs- und Rohstoffpotenziale auszubeuten, während die dort lebenden Menschen dem Hungertod überlassen werden sollten. Der daraus resultierende Doppelcharakter des Überfalls auf die Sowjetunion als «rassenideologischer Vernichtungskrieg» und als Krieg mit «einer primär wirtschaftlichen Zielsetzung» amalgamierte sich im Verlaufe des Feldzugs mehr und mehr und produzierte im wahrsten Sinne des Wortes tagtäglich Verbrechen gigantischen Ausmaßes.

Die bis dahin beispiellose Niederlage sowjetischer Verbände in den ersten Monaten des Krieges passte auch theoretisch in das Weltbild Hitlers und seiner Generalität. Ja, sie wussten sich mit den Militärexperten in der ganzen Welt einig, dass diese «absehbare» Niederlage vor allem damit zusammenhing, dass, wie Hitler es verschiedentlich formulierte, «Stalin ja seine erste Garnitur höchster militärischer Führer ausgemerzt hatte, also fähige Köpfe im Nachwuchs noch fehlten». Überhaupt sei die gesamte Rote Armee «nicht mehr als ein Witz». Damit waren die so genannten «Säuberungen» und ihre Folgen gemeint, die im Kontext des «Großen Terrors» in den Jahren zwischen 1936 und 1938 auch die Rote Armee erfasst hatten. Es sei «schlimmer als Artilleriefeuer gegen die eigenen Truppen» gewesen, wie ein sowjetischer General, der überlebte, die Auswirkungen charakterisierte. Über 40 000 Offiziere aller Dienstgrade waren betroffen, wobei der größte Teil einfach die Armee verlassen musste, jedenfalls nicht verhaftet oder hingerichtet und vor allem nach dem Winterkrieg gegen Finnland wieder reaktiviert wurde. Verheerend für den Zustand und das Selbstbewusstsein der Streitkräfte war indessen die nahezu komplette physische Vernichtung des sowjetischen Generalstabs um den fähigen und als «Reformer» geltenden Michail Tuchatschewski und der Mitglieder des Militärrates – in vielen Fällen, der Sippenhaft gleich, mitsamt ihren Angehörigen –, die gemeinsam ein wirksames Gegengewicht gegen die militärischen Amateure im Parteiapparat gebildet hatten.

Zu ihnen gehörte an erster Stelle auch Stalin. Es stellt sich allerdings die Frage, ob es die Rote Armee ohne die «Säuberungen» geschafft hätte, dem Ansturm der Wehrmacht wirksamer standzuhalten. Denn auch zuvor, noch unter der Ägide der «Reformer», die den möglichst kombinierten, massiven Einsatz großer Panzer- und Infanteriemassen aus der Tiefe des Raumes favorisierten, hätte man auf eine dafür nur unzureichend vorbereitete Streitmacht zurückgreifen müssen. Weder das zur Verfügung stehende Material und ihr Einsatzkonzept, weder die Ausbildung des Offiziers- und Unteroffizierkorps noch die für eine kombinierte, im Verbund aller Waffen kämpfende Einsatztaktik unabdingbaren Nachrichten- und Logistiksysteme waren in qualitativer und quantitativer Hinsicht in ausreichendem Maße vorhanden. Zudem spricht wenig dafür, dass sich die wesentlich von Stalin verantworteten politischen Koordinaten ohne die «Säuberungen» anders entwickelt oder dargestellt hätten. Sie aber dienten, wie erwähnt, nur einem Ziel, nämlich Zeit zu gewinnen.

Es ist nicht zu übersehen, dass die deutsche Regierung, insbesondere der «Minister für Volksaufklärung und Propaganda», Joseph Goebbels, im Vorfeld des Überfalls auf die Sowjetunion ein wahres Feuerwerk der Desinformation über die tatsächlichen Absichten Deutschlands inszenierte. Goebbels hatte die ihm unterstehenden Presseorgane angewiesen, wie er am 16. Juni 1941 in seinem Tagebuch vermerkte, «unentwegt weiter Gerüchte zu verbreiten: Frieden mit Moskau, Stalin kommt nach Berlin, Invasion (gegen Großbritannien) steht unmittelbar bevor». Stalins prinzipielles Misstrauen gegenüber allen Meldungen, die bei ihm über Hitlers Pläne eingingen, war also durchaus gerechtfertigt – nur eben in ganz anderer Weise, als er es sich dachte. Wie weit diese Einstellung Stalins reichte, erhellt daraus, wie er auf die Vorhaltung der militärischen Führung der Roten Armee reagierte, die «deutsche Gefahr» zu erkennen und wenigstens, wie am 10. Juni 1941 gefordert, den Alarmzustand für die Streitkräfte anzuordnen, da andernfalls jeder deutsche Angriff zu einem völligen Chaos, ja, möglicherweise zur schnellen Niederlage führen könne. Die Generäle Schukow und Timoschenko bekamen noch am 18. Juni, auf einer gemeinsam mit dem gesamten Politbüro anberaumten Sitzung, von einem völlig die Fassung verlierenden Stalin zu hören: «Wenn Sie die Deutschen durch unerlaubte Truppenbewegungen an der Grenze provozieren, dann werden Köpfe rollen! Merken Sie sich das!»

In einer Mischung aus Fehleinschätzung der Lage und Wunschdenken hinsichtlich der näheren Zukunft wurden von Stalin alle seriösen Warnungen über die wahren deutschen Absichten im Allgemeinen und den Aufmarsch der Wehrmacht im Besonderen in den Wind geschlagen, woher immer sie auch kamen, ob vom sowjetischen Spitzenspion Richard Sorge aus Tokio, der deutschen Widerstandgruppe «Rote Kapelle», der polnischen Exilregierung in London oder, noch unmittelbar vor der deutschen Invasion, von deutschen Überläufern. Stalins Befehle blieben eindeutig. Jede diplomatische, aber vor allem jede militärische Reaktion auf die als reine «Provokation» oder «Desinformation» verworfenen Warnungen, jede Einleitung militärischer Aktionen angesichts zunehmender Aufklärungsflüge der deutschen Luftwaffe würde scharfe Sanktionen zur Folge haben. Eine latente Unsicherheit war gleichwohl auch bei Stalin spürbar. Umso größer war die Erleichterung, als es ihm am 13. April 1941 gelungen war, mit Japan einen Nichtangriffspakt zu schließen. Er schuf an der Ostgrenze der Sowjetunion Entlastung und minderte die Wirkungen des zwischen Deutschland, Japan und Italien geschlossenen Dreimächtepaktes. Im übrigen aber galt: Der Krieg mit Deutschland war unmöglich, weil er zu diesem Zeitpunkt unmöglich sein sollte. In der Kampfpraxis des ersten Tages führte dies dazu, dass Kommandeure sich mitunter strikt weigerten, den Kampf gegen die ihre Truppen angreifenden Eindringlinge aufzunehmen, bis entsprechende Befehle vorlagen.

2. Mord und Terror

Entgegen allen Erfahrungen der ersten Kriegsphase, die sich innerhalb der deutschen Führung bis zur Gewissheit verdichteten, «die Russen» seien «erledigt», vermochte die Rote Armee durchaus zu kämpfen. Zwar waren die Führungsschwächen ebenso unübersehbar wie die teilweise anzutreffende demoralisierte Stimmung. Aber es gab auch schon in den ersten Wochen immer wieder Gefechtssituationen, in denen moralisch intakte Truppen, selbst und gerade wenn sie eingeschlossen worden waren, erbitterten Widerstand leisteten und sogar zum Gegenangriff übergingen. Das zeigte sich etwa bei der Einkesselung der alten Grenzfestung Brest-Litowsk, die von deutschen Panzerspitzen einfach umgangen worden war und von der nachrückenden Infanterie erobert werden sollte. Die sowjetischen Einheiten in Brest-Litowsk – zusammengewürfelte Truppen, zumeist ohne ihre höheren Offiziere, die sich im Urlaub befanden – hielten über eine Woche allen Angriffen stand. Erst ein massi-

2. Mord und Terror

ver Sturzkampfbombereinsatz am 29. Juni 1941 zwang die Besatzung, zu der auch Frauen und Kinder gehörten, zur Aufgabe.

Zu diesem partiell bemerkbaren Kampfwillen kamen neue, den Deutschen bis dahin unbekannte oder von ihnen falsch eingeschätzte Waffen. Der im Verlauf des Spätsommers 1941 vermehrt eingesetzte sowjetische T 34 war jedem deutschen Panzer überlegen und auch durch die deutschen Panzerabwehrgeschütze nicht zu stoppen. Nur durch die militärisch effektivere Einsatztaktik der deutschen Panzertruppen – nicht zuletzt aufgrund bewährter Funkverbindungen – und durch die großen Schwierigkeiten auf sowjetischer Seite, die Panzer mit Munition und Treibstoff zu versorgen, konnten die an sich überlegenen Panzer in Schach gehalten werden. Von zunächst ähnlich durchschlagender Wirkung war der erstmalig im August 1941 erfolgende Einsatz eines neuen Salvengeschützes, der «Katjuscha» oder «Stalinorgel». Mit ihr konnten von Führungsschienen aus, die auf einen schnell verlegbaren Lastwagen montiert wurden, in rapider Geschwindigkeit Raketengeschosse mit einer Reichweite von über acht Kilometern verfeuert werden. Die Geschosse entwickelten während ihres Fluges einen durchdringenden Heulton, der in seiner psychologischen Wirkung ähnlich furchteinflößend wirkte wie die so genannten «Jericho»-Sirenen, die von den deutschen «Stukas» (Sturzkampfbombern) während ihres Sturzflugs bis zum Abwurf der Bomben eingeschaltet wurden.

Aber der Durchhalte- und Kampfwillen von Bevölkerung und Armee verdankte sich natürlich nicht allein dem Mut der Verzweiflung in aussichtsloser Lage oder neuen Waffen. Die Gründe dafür liegen tiefer und sollen im Folgenden grundsätzlicher skizziert werden, nicht zuletzt deshalb, weil uns ähnliche Kampf- und Durchhaltemotivationen im Kessel von Stalingrad wieder begegnen werden. Am 3. Juli 1941 hatte sich – gleichsam psychologisch aufbauend – Stalin zum ersten Mal seit der Invasion wieder in einer Rede an das Volk gewandt. Dass der Krieg mittlerweile zu einem «vaterländischen Krieg» geworden war, wie es am 26. Juni in der «Prawda» geheißen hatte, mithin schon in dieser frühen Phase die kommunistische Ideologie allein als Werte-Reservoir für den Durchhaltewillen von Soldaten und Zivilisten nicht mehr zu genügen schien, verdeutlichte auch Stalins Rede, die wie gewöhnlich eher zögernd vorgetragen wurde und in der Diktion wenig mitreißend war. Doch sein Aufruf, diesen Krieg wie einen totalen Krieg zu führen, in dem es für das Volk um Freiheit oder Sklaverei gehe, traf den Nerv vieler Sowjetbürger, die seit Beginn der Invasion auf ein Wort von autoritativer Seite gewartet hatten.

Angerührt wurde der Patriotismus der Menschen. Der «Patriotismus», so eine im Krieg als Krankenschwester dienende Russin, «der Patriotismus war unser Goldschatz, der Reichtum unseres geliebten Vaterlandes Russland». In diesem «Goldschatz» aber waren «Jammerlappen oder Feiglinge, Panikmacher und Deserteure», kurz: eine «Zersetzung» von Front und Heimatfront durch irgendwie geartete und definierte «Kollaborateure» selbstverständlich nicht vorgesehen. Stalins Ausführungen waren in dieser Frage eindeutig – und letztlich nur die zeitgemäße Übersetzung jener Begründungen für den fortgesetzten Terror, die noch vor dem Krieg in Umlauf waren, wie etwa «imperialistisches Agententum» oder «Spionage», und als fadenscheinige Gründe für Erschießungen und Deportationen herhalten mussten.

Der NKWD war in Sondereinheiten, die ab dem 20. Juli 1941 aufgestellt worden waren, auf der sprichwörtlichen Jagd nach allen «Unzuverlässigen» unter Soldaten und Zivilisten, nach allen, die aufgrund von Denunziationen oder nach eigenem Gutdünken der «Zersetzung» für schuldig befunden wurden, um sie zu deportieren oder gleich zu erschießen. Als grundsätzlich verdächtig galten die deutschen Minderheiten, wie beispielsweise die Wolgadeutschen, aber auch jene im Nordkaukasus oder auf der Krim, doch auch alle zumeist kommunistischen oder kommunistisch gesinnten Emigranten, die nun im Gulag verschwanden oder in abgelegene kasachische, kirgisische und sibirische Landesteile deportiert wurden, wo nach langen, von unzähligen Todesfällen und Grausamkeiten begleiteten Transporten in der Regel der Hunger und all seine Begleiterscheinungen wie etwa Typhus den Alltag bestimmten. Dieses Schicksal traf dann zwischen 1943 und 1944 auch die Tschetschenen, die Inguschen, die

Krimtartaren, die Kalmücken und eine ganze Reihe weiterer Völker und Nationalitäten, die, einfach aufgrund ihrer Nationalität, als Bedrohungsbild die während des großen Terrors in den dreißiger Jahren vernichteten «Klassenfeinde» abgelöst hatten. Von deren wehrfähigen Männern dienten zur gleichen Zeit Hunderttausende in der Roten Armee, bis auch sie im Verlauf des Jahres 1944 vor allem von Soldaten tschetschenischer Herkunft, unter ihnen viele «Stalingradkämpfer», «gesäubert» wurde.

Im August 1941 erließ Stalin zudem den berüchtigten Befehl Nr. 270. Er schrieb vor, dass sich Soldaten aller Ränge, die in Gefangenschaft gerieten oder sich gar ergaben, des «Verrats» schuldig gemacht hätten und künftig wie «Vaterlandsverräter» zu behandeln seien. Im Falle von Offizieren galt diese Bestimmung auch für die nächsten Angehörigen, was in der Regel deren Verhaftung (und Deportation) zur Folge hatte. Theoretisch betroffen waren von diesem Befehl bis zum Ende des Krieges etwa 5,7 Millionen Rotarmisten, die in deutsche Gefangenschaft gerieten. Realiter wurden etwa 3,3 Millionen von ihnen auf dem Marsch oder in deutschen Lagern entweder erschossen oder man ließ sie mehrheitlich verhungern, ein großer Teil der Heimkehrer wanderte in den Gulag. Und auch die so genannten «Ostarbeiter» sollten wie alle zwangsweise in Deutschland bzw. unter deutscher Besatzung lebenden Menschen unter dem Stigma des «Kollaborateurs», des «Verräters» zu leiden haben; viele von den Überlebenden haben die «Befreiung» als Auftakt zu neuer Zwangsarbeit in sowjetischen Lagern erfahren. Schon daran wird deutlich, in welchem Ausmaß die Bürger der Sowjetunion zu Opfern beider totalitärer Systeme werden konnten.

Als im Spätsommer 1941 die ersten großen Transporte mit den von den Deutschen unter brutalem Zwang im bis dahin eroberten Gebiet rekrutierten Zwangsarbeitern in Deutschland eintrafen, hatten die Einsatzgruppen der Sicherheitspolizei und des SD, SS-Brigaden und schnell aufgestellte Polizeibataillone sowie spezielle Sicherungsdivisionen der Wehrmacht längst damit begonnen, vom Baltikum über das okkupierte Polen bis zur Ukraine und nach Weißrussland hinein alle Einwohner zu verhaften oder zu ermorden, die den rassistischen und ökonomischen Interessen des Nazireiches zuwiderliefen. Die im Verhältnis zur Größe der besetzten Gebiete und zur Masse der dort lebenden Menschen zahlenmäßig kleinen Besatzungskontingente setzten dabei auf den alltäglichen Terror, um sich ihrer Herrschaft zu vergewissern. Hitler selbst hatte am 16. Juli 1941 bemerkt, dass die «Sicherung (des besetzten Gebietes/B. U.) natürlich sehr dünn» sei; man begegne diesem Problem «am besten dadurch, dass man Jeden, der nur schief schaue, totschiesse».

Juristisch ummäntelt wurden solche Überlegungen durch eine Folge von Befehlen und Anordnungen, die bereits vor Beginn des Überfalls – und mit Billigung und Unterstützung führender Militärs, unter ihnen auch Halder – festgelegt worden waren. Nach dem Kriegsgerichtsbarkeitserlass vom 13. Mai 1941 etwa war jeder sowjetische Bürger sofort zu erschießen, der sich wie auch immer definierten «Widerstand» zuschulden kommen ließ. Überdies regelte dieser Erlass die drakonischen «Sühnemaßnahmen», falls bei Anschlägen die Täter nicht gefasst bzw. verraten wurden. Kommunistische Funktionäre wurden ebenso ermordet wie, vor allem durch die Wehrmacht selbst, die den sowjetischen Einheiten beigeordneten politischen «Kommissare und Bolschewistenhäuptlinge»– entsprechend dem so genannten «Kommissar-Befehl» vom 6. Juni 1941. Gleichfalls betroffen war die «Intelligenz» der besetzten Gebiete, mithin Anwälte, Lehrer, Ärzte, Staatsbedienstete und politische Funktionäre, aber auch zwischen den Fronten umherirrende Rotarmisten und Zivilisten, die hungernd auf der Suche nach Essbarem waren. Eine besondere Opfergruppe bildeten ab August 1941 die zumeist faschistisch eingestellten Nationalisten aller Schattierungen, die sich etwa in der Ukraine oder auch in Weißrussland mithilfe der Deutschen die Unabhängigkeit oder doch zumindest die Loslösung von der Sowjetunion erhofft und mit den Okkupanten zunächst zusammengearbeitet hatten. Eine Folge des ausdrücklich von Hitler gebilligten radikalen Vorgehens gegen diese Gruppierungen bestand darin, dass sich namentlich in der Ukraine zum Jahresende 1941 nationalistische Partisanengruppen bildeten, die einen grausamen Krieg sowohl gegen die deutschen Besatzer wie die kommunistischen Partisanen führten. Gefangene wurden hier von keiner Seite gemacht, Folterungen und Massaker waren an der Tagesordnung.

Das alles war in deutscher Perspektive jedoch nur eine Art Vorstufe zu dem, was zeitgleich bzw. ab Herbst 1941 mit aller Macht und «Gründlichkeit» einsetzte, in etwa parallel zur immer deutlicher werdenden Überdehnung der deutschen Nachschubwege und der aus deutscher Sicht ohnehin geplanten, nun aber in aller Dringlichkeit zutage tretenden «Notwendigkeit», die Truppe «aus dem Lande heraus zu ernähren»: die Vernichtung der sowjetischen Kriegsgefangenen durch Hunger, die Ermordung der Juden sowie die Drangsalisierung, Ermordung oder «Umsiedelung» potenziell aller Bürger in Stadt und Land, vor allem in weiten, mittlerweile okkupierten Regionen in Nord-, Mittel- und Weißrussland. Das von Wehrmachtsstäben planmäßig organisierte und durchgeführte Massensterben sowjetischer Kriegsgefangener durch Verhungern forderte allein bis Ende 1942 fast eine halbe Million Menschenleben in den bis dahin besetzten Gebieten. Man vergegenwärtige sich: Etwa zwischen dem 21. und dem 30. Oktober 1941, also innerhalb von bloß neun Tagen, kamen allein in jenen Gefangenenlagern, die im besetzten Polen hastig eingerichtet worden waren, nahezu 46 000 Rotarmisten zu Tode, das heißt, mehr als 4 500 Menschen an jedem einzelnen Tag verhungerten, erfroren, starben an Seuchen oder wurden erschossen. Und allein im geschundenen Weißrussland waren bis zur Rückeroberung durch die Rote Armee im Juni und Juli 1944 – also nach ziemlich genau dreijähriger deutscher Besetzung – mindestens eine halbe Million Juden sowie alle aufgefundenen Sinti und Roma, aber auch psychisch Kranke umgebracht worden. Von knapp über zehn Millionen Einwohnern in Weißrussland überlebten mehr als zwei Millionen Menschen das Ende der deutschen Besatzung nicht. Von den Davongekommenen verfügten noch eben vier Millionen über eine Behausung, der Rest blieb, teilweise auf Jahre hinaus, obdachlos oder zog im zerstörten Land umher.

All diese Menschen waren – für sie natürlich nicht erkennbar – zum Zeitpunkt der Geschehnisse auserwählte Opfer eines groß angelegten deutschen «Massenmordplans», bei dessen Realisierung staatliche Ministerien, SS und SD sowie die Wehrmacht eng zusammenarbeiteten. Der in Heinrich Himmlers Auftrag konzipierte «Generalplan Ost» sah vor, die «germanische Volkstumsgrenze» über 1000 Kilometer weit nach Osten zu verlegen. Die in diesem Gebiet lebenden etwa 30 Millionen Menschen sollten verhungern – außer einer kleinen «eindeutschungsfähigen» Minderheit, die den deutschen Siedlern als Arbeitssklaven dienen mussten.

So zwang der praktisch vom ersten Tag des Überfalls an ausgeübte Terror die Bewohner und Soldaten der Sowjetunion, gleichsam von zwei Übeln das kleinere zu wählen. Das galt natürlich nicht für alle, und kommunistische, ja, Stalin vergötternde Überzeugungen oder patriotische Gewissheiten spielten eine ebenso große Rolle wie die nur zu berechtigte Angst vor dem eigenen Staat und seinen Organen. In einer Mischung aus Angst, Überlebenswillen, Patriotismus, Hass und Stalin-Verehrung wurden die Verhältnisse ertragen – und wurde weiter gekämpft. Sicher, auch bei überzeugten Kommunisten nährten der rasche Vormarsch der Wehrmacht und der immer stärkere Terror des stalinistischen Systems die Zweifel, etwa bei jenem Betriebsdirektor, der mit seiner Familie im nun auch bedrohten Moskau festsaß: «In der Zeit 1919–1920 kämpfte das Volk um die Freiheit, um seine Rechte. Aber heute gibt es nichts, wofür sich zu sterben lohnte. Die Sowjetmacht hat die Menschen an den Rand der Erschöpfung gebracht.» Gleichzeitig aber meldeten sich in der Stadt im Oktober 1941 Tausende freiwillig zur inzwischen gebildeten Volksmiliz, um jene Stadt mit allen Mitteln zu verteidigen, deren völlige Vernichtung Hitler angeordnet hatte: Die Stadt sollte in einem riesigen Loch verschwinden, bedeckt von einem ebenso riesigen Stausee, ihre Bewohner sollten deportiert oder gleich umgebracht werden.

Es waren solche genozidalen, theoretisch und praktisch gegen alle slawischen Menschen gerichteten Vernichtungsorgien, die als Gegenreaktion wiederum bestialische Phantasien provozierten. Im August 1942 verlieh ihnen der aus dem Pariser Exil 1939 heimgekehrte Ilja Ehrenburg die schließlich gültige, von anderen Dichtern schon 1941 vorbereitete und später vielfach kopierte

2. Mord und Terror

sprachliche Form, als er in der Armee-Zeitung «Roter Stern» schrieb: «Wenn du heute noch keinen Deutschen getötet hast, dann ist es ein verlorener Tag. (...) Heute gibt es nur einen Gedanken: Die Deutschen töten, sie töten und in der Erde verscharren. (...) Hast du einen Deutschen getötet, so töte noch einen; nichts macht uns so viel Freude wie deutsche Leichname. Deine Mutter sagt zu dir: Töte den Deutschen! Deine Kinder betteln: Töte den Deutschen! Dein Land stöhnt und flüstert: Töte den Deutschen! Schieß nicht daneben! Lass ihn nicht entkommen!»

Diesen Hass hatten auch schon in den ersten Tagen des Überfalls deutsche Gefangene zu spüren bekommen, die massakriert und verstümmelt worden waren. Zwar gab es auf sowjetischer Seite keine Entsprechung etwa für den «Kommissarbefehl» und der einzige Versuch, die Haager Landkriegsordnung auch für diesen Krieg formal gelten zu lassen, kam in Form einer diplomatischen Note knapp einen Monat nach Beginn des Überfalls von der Sowjetunion – er blieb von deutscher Seite unbeantwortet. Aber rasch stellte sich in der alltäglichen Gefechtspraxis heraus, dass nicht allein gefangene Soldaten der Waffen-SS oder Angehörige der Feldpolizei verschiedentlich umgebracht und zuvor misshandelt wurden, sondern auch Soldaten der Wehrmacht. Diese Morde – ebenso wie die von den Deutschen zuvor entdeckten Gewaltexzesse in den Gefängnissen des NKWD in Ostpolen, im Baltikum und in den neu eroberten Gebieten – forcierten bei vielen Wehrmachtssoldaten die ohnehin schon vorhandene Einschätzung *der* Rotarmisten. Sie galten als Handlanger des «jüdischen Bolschewismus», als wahlweise «slawische» oder «asiatische» Personifikationen des sich alsbald auch in der Diktion von Armeebefehlen niederschlagenden «Untermenschentums» des Ostens. «Das sind», so ein Unteroffizier in einem Feldpostbrief, «keine Menschen mehr, sondern wilde Horden und Bestien, die durch den Bolschewismus in den letzten 20 Jahren so gezüchtet wurden. Ein Mitleid mit diesen Menschen darf man nicht aufkommen lassen, denn sie sind alle sehr feige und hinterlistig». Ihnen in die Hände zu fallen, mithin in Gefangenschaft zu geraten, war die größte, von der Propaganda noch zusätzlich geschürte Angst deutscher Soldaten.

3. «Operation Taifun»

Jegliche in diesen Sommermonaten des Jahres 1941 gezeigte Kampfentschlossenheit und jedes stoische Beharrungsvermögen in aussichtslos scheinender Lage auf Seiten der Sowjetarmee konnten nicht verhindern, dass die Wehrmacht sich weiter voranbewegte. Zwar wurden ihre Versorgungswege immer länger und zugleich gefährdeter durch den schon im Juli einsetzenden Partisanenkrieg, zwar stiegen die Verluste – bis zu 25 Prozent des Bestandes in manchen Divisionen –, und auch der staunenswerte Material- und Menschenersatz nach den ersten großen Kesselschlachten, den die sowjetische Führung zu organisieren verstand, fand nun seinen Niederschlag in Berichten und Meldungen. Das führte vorerst nur zu Verzögerungen, die freilich den von vornherein knappen deutschen Zeitplan für die völlige Niederwerfung der Sowjetunion durcheinander brachten. Aber um welchen Preis! Die britische Historikerin Catherine Merridale hat in ihrer großen Studie über das «Leiden und Sterben in Russland» darauf hingewiesen, in welchem Ausmaß die sowjetischen Soldaten schon in dieser ersten Phase des Krieges «wie Vieh» behandelt wurden. Befohlene und von hinten mit Abriegelungseinheiten gesicherte Frontalangriffe großer Infanteriemassen gegen Panzerverbände und deutsche Maschinengewehrstellungen gehörten zur üblichen Praxis.

Das ganze Ausmaß der Fehleinschätzung, die Sowjetunion und ihre Streitkräfte würden unmittelbar vor ihrem endgültigen Zusammenbruch stehen, zeigt sich schließlich im Zusammenhang der am 26. September 1941 befohlenen und kurz darauf begonnenen «Operation Taifun» gegen Moskau. Sie hätte eigentlich schon früher beginnen sollen, und zwar nach dem Willen führender Militärs nach der noch Anfang August so erfolgreich zu Ende gebrachten Kesselschlacht bei Smolensk. Wenn Moskau zum Hauptziel erklärt würde, so die Argumentation des Generalstabschefs Halder, wären die Sowjets gezwungen, dort alle verfügbaren Streitkräfte zur Verteidigung der Hauptstadt zu konzentrieren. Ein erfolgreicher Angriff könne somit auch wesentliche Teile der noch existenten Roten Armee vernichten – ganz abgesehen davon, dass die Besetzung Moskaus mutmaßlich die russische Abwehrfront spalten und dazu beitragen würde, den Krieg doch noch siegreich beenden zu können.

Halders Bevorzugung Moskaus als Angriffsziel basierte nicht zuletzt auf der mittlerweile sich durchsetzenden Erkenntnis, dass nur ein Schlag gegen die Masse der bei der sowjetischen Hauptstadt konzentrierten Truppen noch den Sieg bringen konnte. Denn ihm war nun klar, dass der «Koloß Russland» von der Führung «unterschätzt worden ist». Noch bei Kriegsbeginn habe man «mit etwa 200 feindlichen Div. gerechnet. Jetzt zählen wir bereits 360. Diese Div. sind sicherlich nicht in unserem Sinne bewaffnet und ausgerüstet, sie sind taktisch vielfach ungenügend geführt. Aber sie sind da. Und wenn ein Dutzend davon zerschlagen wird, dann stellt der Russe einfach ein neues Dutzend hin.»

Doch Hitler setzte nach längerem Schwanken seinen Willen durch. Auch eine Intervention des von Hitler geschätzten Panzergenerals Heinz Guderian verpuffte wirkungslos, ja, zum späteren Entsetzen Halders ließ sich Guderian von den Argumenten Hitlers – und «Aug in Aug» mit dem «Führer» – sogar überzeugen. Diese Argumente aber und damit die Grundlage von Hitlers Entscheidung waren kriegsökonomischer Natur. Danach war das militärische Augenmerk zunächst auf die schnelle Eroberung der für Deutschland «lebenswichtigen Gebiete» in der Ukraine, auf der Krim und im Donez-Becken durch die Heeresgruppe Süd und die Abschnürung Leningrads bzw. die Vereinigung mit den finnischen Truppen durch die Heeresgruppe Nord zu lenken.

So stoppte die Heeresgruppe Mitte ihren Vormarsch zunächst rund 360 Kilometer vor Moskau, während ihre Panzerdivisionen sich teils aus spärlich eintreffendem Ersatz neu aufstellten, teils der Heeresgruppe Süd detachiert wurden. Beide Großoperationen waren aus deutscher Sicht erfolgreich. Am 26. September 1941 endete im Bereich der Heeresgruppe Süd die Schlacht um Kiew – die Stadt selbst wurde trotz zähen Widerstandes am 19. September erobert – neuerlich mit der Vernichtung ganzer sowjetischer Armeen und der Gefangennahme von fast 600 000 Soldaten. Ebenfalls am 26. September erreichten die Truppen der Heeresgruppe Nord die Stadtgrenzen von Leningrad, dem ehemaligen St. Petersburg. Die Beschießung der Stadt hatte bereits am 4. September begonnen. Eine Eroberung wurde von Hitler zunächst ebenso verboten wie die Annahme etwaiger Kapitulationsangebote. An Leningrad sollte, wie er in einem seiner protokollierten Tischgespräche am 10. September 1941 ausführte, «ein Exempel statuiert werden und die Stadt wird vollkommen vom Erdboden verschwinden. (…) Die Stadt wird nur eingeschlossen, mit Artillerie zerschossen und ausgehungert» werden. So war für Leningrad das gleiche Schicksal wie für Moskau vorgesehen, nämlich seine völlige Auslöschung als Metropole. Allerdings scheiterte im Sommer 1942 der wiederaufgenommene Angriff (Operation «Nordlicht») zur Eroberung Leningrads auf ganzer Linie. Doch wurde die insgesamt 900 Tage andauernde Belagerung fortgesetzt. Mittelbar und unmittelbar war sie verantwortlich für den Tod von vermutlich einer Million Einwohnern.

Vor allem die Operationen der Heeresgruppe Süd wirken ex post betrachtet wie eine Vorwegnahme jener Stoßrichtung, die dann den Sommerfeldzug im folgenden Jahr bestimmen sollte. Und auch die von Hitler dafür vorgebrachten Begründungen ähnelten sich. Bereits die von ihm befohlene Ablenkung des Angriffs auf Moskau in die Ukraine mit ihren zumindest erwarteten Getreideerträgen, ihren Rohstoffen und ihrer Industrie war in erster Linie kriegsökonomischen «Zwängen» geschuldet. Der Krieg musste führbar bleiben, nur so konnte langfristig der Sieg errungen werden. Der schließlich befohlene Angriff auf Moskau sollte ein weiterer Schritt in diese Richtung sein, aber erst nach den Operationen im Norden und Süden.

Im Oktober 1941 sah es zunächst so aus, als sollte der «Führer» Recht behalten. Der in zwei Abschnitten am 30. September und am 2. Oktober beginnende Angriff auf Moskau machte gewohnt zügige Fortschritte. Ein neuer grandioser Sieg schien garantiert. Während des Angriffs wurden in der Ende Oktober schließlich abgeschlossenen, doppelten Schlacht bei Vjazma und Brjansk nahezu neun Armeen eingekesselt und vernichtet; wiederum gingen weit über eine halbe Million Rotarmisten in deutsche Gefangenschaft, über 1000 Panzer waren zerstört oder erbeutet worden. Ein Infanterieleutnant, mithin ein junger Mann Anfang zwanzig, berichtete nach Hause: «In Kürze: Sieg und Heil! Rotfront ist geschlagen. Es gibt nur noch einen sowjetischen Gegner. Ein tiefes Glücksgefühl hat uns alle erfasst. Die Siegesfreude rückt in greifbare Nähe. Die Aufmarschleitung sucht nach Juristen im Heer – für die Aufbauarbeit im Osten!»

In der Heimat, etwa in der Reichshauptstadt, füllten sich in diesen Tagen die Auslagen mancher Buchhandlungen mit russischen Wörterbüchern und Grammatiken. Es galt, die kommenden neuen Herren des Ostens aus Heimat und Front auch sprachlich auf den neuesten, befehlsgewohnten Stand zu bringen. Hatte nicht Adolf Hitler selbst am 3. Oktober 1941 im Berliner Sportpalast offiziell verkündet, was er schon in dem zwei Tage zuvor erlassenen Aufruf an «seine Soldaten» an der Ostfront angedeutet hatte: Die Sowjetunion sei praktisch geschlagen und werde sich auch «nie mehr erheben»? Und auf militärischer Seite kam der weniger bekannt gewordene Bescheid vom Chef des Wehrmachtführungstabs im OKW, General Jodl, der ebenso unumstößlich feststellte: «Wir haben endgültig und ohne Übertreibung diesen Krieg gewonnen».

In der sowjetischen Hauptstadt hätten ihm zu diesem Zeitpunkt gewiss viele Menschen zugestimmt. «Die Stimmung in Moskau war fürchterlich», schrieb Ilja Ehrenburg. Die Bewohner der Stadt befanden sich im Zustand wachsender, im Tempo des deutschen Vormarsches sich steigernder Panik. Eine Art öffentliche Ordnung wurde nur noch durch das wie gewöhnlich terroristische Vorgehen des NKWD aufrechterhalten, dessen Trupps die Stadt beherrschten. Nicht allein Plünderer, sondern alle, die nur vermeintlich schädliche Gerüchte oder «Defätismus» verbreiteten, starben unter den Kugeln der Erschießungskommandos. Die in den Gefängnissen einsitzenden politischen Häftlinge fielen den Schergen des NKWD ebenso zum Opfer wie alle Bürger, die beim «Abhauen» ohne Genehmigung erwischt wurden. «Bloß» zur Abschreckung wurde jeder zehnte der Hausverwalter, die in den Wohnhäusern Moskaus als eine Art Hausmeister und der Partei verantwortliche Kontrolleure der Mieter fungierten, verhaftet und erschossen. Die Panik erreichte indessen ihren Höhepunkt, als am 16. Oktober 1941 im Rundfunk gemeldet wurde, dass die Front vor Moskau im Westen an einigen Stellen von der Wehrmacht durchbrochen worden sei. Die unaufhörlichen Angriffe der deutschen Luftwaffe taten ein Übriges, um die Lage aussichtslos erscheinen zu lassen.

Im gleichen Zeitraum rotierte die Propagandamaschine auf Hochtouren und kündete von der erfolgreichen Abwehr der «faschistischen Banditen». Der schon seit dem 1. Oktober angeordnete und einsetzende Umzug der sowjetischen Regierung mit Stalin an der Spitze in das über 800 Kilometer weiter östlich gelegene Kuibyschew – der einbalsamierte Leichnam Lenins war gleichsam schon vorausgeschickt worden – wurde ausgesetzt und teilweise wieder rückgängig gemacht. Stalin selbst blieb in der Stadt, über die am 19. Oktober der Belagerungszustand verhängt worden war. Moskau sollte unter allen Umständen gehalten werden.

Die Aussichten für den Erfolg eines solchen Unternehmens standen gar nicht so schlecht, wie es den geschundenen Moskauer Bürgern scheinen wollte. Denn der erbitterte Widerstand der Armeen im Kessel von Vjazma und Brjansk hatte die Niederlage zwar nicht verhindern können, aber er schuf die Zeit, die nötig war, um die Verteidigung Moskaus neu zu organisieren und Reserven heranzubringen, darunter die berühmten «sibirischen Jungs», mithin eigentlich an der östlichen Grenze stationierte, für den Winterkrieg ausgerüstete Skidivisionen. Unter der Führung von General Schukow, der sich schon bei der Verteidigung Leningrads bewährt hatte – und der uns auch in Stalingrad wieder begegnen wird –, nahmen die Verteidigungsmaßnahmen ihren Fortgang. Überdies begann der Vormarsch der Heeresgruppe Mitte unter der nun vollends offenbar werdenden Erschöpfung von Truppen und Material zu stocken; die zuvor nur spärlich gewährten Pausen und Auffrischungen machten sich bemerkbar. Die Verluste stiegen, die extremen Schwierigkeiten in der durch den Herbstregen einsetzenden Schlammperiode und schließlich durch den ab etwa Mitte Oktober beginnenden Schneefall bestimmten den Frontalltag ebenso wie die zunehmende Kälte und massive Treibstoffprobleme. «Die größte Freude wäre natürlich für uns, verladen, und ab nach Deutschland. Aber vielleicht müssen wir auch den Winter hier verbringen. Wir wissen es noch nicht», heißt es in einem Feldpostbrief am 21. Oktober 1941 – eine nicht unbegründete Befürchtung, verfasst von einem Soldaten, der immer noch in seiner Sommeruniform kämpfte.

In dieser Lage ordnete Stalin an, den Jahrestag der Oktoberrevolution feierlich zu begehen. Er jährte sich zum 24. Male und musste, da das Bolschoitheater als üblicher Veranstaltungsort durch eine Fliegerbombe schwer beschädigt worden war, in der nach dem berühmten sowjetischen Revolutionsdichter Wladimir Majakowski benannten U-Bahnstation «Majakowski-Platz» stattfinden, einer besonders prächtigen und, wie im sowjetischen U-Bahnbau üblich, sehr tief und damit bombensicher gelegenen Station. Hier hielt Stalin am Abend des 6. November 1941 seine zweite große Rede des Krieges. Wiederum, wie schon am 3. Juli, rief er Volk und Armee zum «Großen Vaterländischen Krieg» auf, der nun endgültig und für alle sichtbar – Stalin selbst benannte die Niederlagen und Verluste – zum Verteidigungskrieg geworden war. Aber mehr noch: «Wenn die Deutschen einen Vernichtungskrieg führen wollen, so sollen sie ihn haben. Von nun an wird es unsere Aufgabe sein, jeden einzelnen Deutschen auszurotten, der als Eindringling den Fuß auf den Boden unseres russischen Vaterlandes setzt. Tod den deutschen Eindringlingen! (...) Unsere Sache ist gerecht. Der Sieg wird unser sein!»

Am nächsten Tag ließ sich Stalin wieder in der Öffentlichkeit blicken, diesmal allerdings nur als alleiniger Darsteller eines Filmes, den man im Kreml aufgenommen hatte. Von der Leinwand herab sprach er zu den auf dem Roten Platz angetretenen Soldaten, die im Begriff waren, an die kurz vor der Stadt verlaufende Front abzumarschieren. Dichtes Schneetreiben verhinderte deutsche Luftangriffe und so konnte Stalins historische Lektion die Ohren und Hirne der frierenden Rotarmisten erreichen: «Der Krieg, den ihr führt, ist ein Befreiungskrieg, ein Kampf für die Gerechtigkeit! Mögen euch in diesem Kampf die Heldengestalten unserer Vorfahren begeistern.» Gemeint waren damit «Heldengestalten» wie Alexander Newski, 1242 Bezwinger des Deutschen Ordens, Demetrius Donskoij, der Russland 1380 zum ersten Mal von den Tartaren befreit hatte, Alexander Suworow, Sieger über die Türken und – 1799 – erfolgreich im Krieg gegen die Franzosen und schließlich Michail Kutusow, jener General, der Napoleon 1812 besiegt und Moskau schon einmal vor einem Eindringling gerettet hatte.

In millionenfacher Auflage wurden beide Reden im ganzen Land und per Flugzeugabwurf auch in den besetzten Gebieten verteilt. Ihr Inhalt, insbesondere jener der Ansprache am Majakowski-Platz, kam auch in die Hände der deutschen Angreifer – und inspirierte den Generalfeldmarschall von Reichenau, wie schon im Frühherbst des Jahres, am 20. Dezember zu einem Tagesbefehl an die von ihm befehligte Heeresgruppe Süd. Der Befehl hatte die «besondere Billigung des Führers», wie es in einem Fernschreiben der Operationsabteilung des OKH hieß. Reichenau warnte darin die deutschen Soldaten eindringlich vor der «völlig vertierten» sowjetischen Führung und deren «Mordgelüst». «Der Russe» sei «imstande, jede Gemeinheit zu begehen»; jeder wisse nun nach der Rede Stalins, was er «von der Roten Bestie» zu erwarten habe. Es sei notwendig, «bis zur letzten Patrone» zu kämpfen, «dann wird auch künftig jeder Ansturm des roten Gesindels vor unserer Linie blutig enden».

Das war in der Diktion zwar schon eher ein Haltebefehl, der angesichts der kurz zuvor begonnenen sowjetischen Gegenoffensive vor Moskau die Rede Stalins benutzte, um die deutschen Truppen – ganz im Sinne Hitlers – zur bedingungslosen Verteidigung der einmal erreichten Stellungen zu motivieren. Doch generell bedurfte es solcher Anlässe wie der Rede Stalins keineswegs, um deutsche Generäle zu immer neuen Aufrufen an ihre Soldaten über den eigentlichen «Sinn» dieses Krieges – und zur Offenlegung ihres tief sitzenden Antisemitismus – zu motivieren. So stellte der Führer der 17. Armee, Generaloberst Hoth, am 17. November 1941 in einem grundsätzlich gehaltenen Befehl über das «Verhalten der deutschen Soldaten im Ostraum» fest, hier würden «Deutsches Ehr- und Rassegefühl» vor allem «gegen asiatische Denkungsart und ihre durch eine kleine Anzahl meist jüdischer Intellektueller aufgepeitschten primitiven

Instinkte» stehen. Die Vernichtung des «bolschewistischen Systems» sei ein «Gebot der Selbsterhaltung». Und auch der Oberbefehlshaber der 11. Armee, General von Manstein, war in einem Geheimbefehl Ende November 1941 der festen Überzeugung, dass «das jüdisch-bolschewistische System (...) ein für allemal ausgerottet» gehöre.

Die unter anderem daraus resultierenden Folgen bekamen sowjetische Soldaten alsbald zu Gesicht. Denn nachdem die deutschen Verbände Ende November, Anfang Dezember 1941 die anfangs noch gut vorankommenden Angriffe einstellen mussten, ja, in einigen Abschnitten sogar an Rückzug- und Absetzungsbewegungen gedacht wurde, begann am 5. und 6. Dezember völlig überraschend die sowjetische Gegenoffensive. Bei mehr als 20 Grad minus gelangen der Roten Armee tiefe Einbrüche in die deutsche Front und kurz zuvor vom Feind besetztes Gebiet konnte wieder zurückerobert werden. Verbrannte Erde, zerstörte Dörfer und landwirtschaftliche Einrichtungen – zum kleineren Teil von sowjetischen Soldaten selbst auf Befehl Stalins beim Rückzug angerichtet, zum größeren Teil durch die Wehrmacht verursacht –, hungernde Zivilisten und die Spuren deutscher Gräueltaten an Menschen und Kulturgütern hinterließen bei den sowjetischen Truppen tiefe Eindrücke.

Hitler erkannte die vor Moskau besiegelte Niederlage nicht an. In einem letzten Aufruf in diesem ersten Jahr des Überfalls rief er die Soldaten und Waffen-SS-Männer am 19. Dezember 1941 auf, ihre Stellungen unbedingt zu halten und bis zum kommenden Frühjahr und den dann gewiss kommenden neuen Offensiven auszuharren. Es war zugleich jenes Datum, an dem der «Führer» vom verzagten Generalfeldmarschall von Brauchitsch, der noch knapp drei Wochen davor von der völligen Verausgabung der sowjetischen Reserven überzeugt war, das Amt des Oberbefehlshabers des Heeres übernahm. In seinem Aufruf hob Hitler insbesondere die Bedeutung des neuen «Kampfgenossen» Japan hervor, dessen Marineluftwaffe am 7. Dezember den amerikanischen Flottenstützpunkt Pearl Harbor überfallen hatte und der sich seither im Krieg mit den USA befand. Hitler säumte nicht, seinerseits der erwartbaren Kriegserklärung der USA zuvorzukommen und in einer provisorisch einberufenen Reichstagssitzung Amerika am 11. Dezember 1941 den Krieg zu erklären. Zwei Tage später versicherte er dem japanischen Botschafter, im kommenden Frühjahr würde die Wehrmacht an der Ostfront «die Operationen im Großen wieder» aufnehmen.

Vor solchen Hintergründen wurde auch mancher Wehrmachtssoldat zum Strategen: «Nun haben wir einen tapferen Verbündeten, der herrlich zu kämpfen und zu siegen weiß, Japan! Man muß diesen Schachzug richtig zu deuten wissen. In dem Augenblick, als die Fronten im Osten durch den frühen Einbruch des Winters zum Stehen kamen, handelte der Japaner im Pazifik! Damit sperrt er den Nachschub unserer Gegner, sodass der Russe sich wohl schlecht auf das Frühjahr erholen dürfte. (...) So sehe ich den Sieg reifen, der wahrhaftig gigantisch ist (...)», berauschte sich selbst ein Obergefreiter in einem Brief nach Hause.

Wenn überhaupt etwas «gigantisch» war in diesem Dezember 1941, dann die endgültige Ausweitung des Krieges zum Weltkrieg – und die deutsche Niederlage vor Moskau. Sie war sowohl militärisch als auch kriegspsychologisch von entscheidender Bedeutung. Das Unternehmen «Barbarossa» und alle Vorstellungen vom «Blitzkrieg» im Osten waren damit ebenso gescheitert, wie der Nimbus von der Unbesiegbarkeit der Wehrmacht zerstört war. Die erlittenen Verluste der Wehrmacht waren von bis dahin beispiellosem Ausmaß. Es wird von Divisionen mit einer Sollstärke von über 14 000 Mann berichtet, die einen Monat nach Beginn der sowjetischen Offensive nur noch über 200 einsatzfähige Soldaten verfügten. Der «Rest» war gefallen, verwundet, vermisst, gefangen oder durch Krankheiten und Erfrierungen «ausgefallen». Der «Ersatz» aus der Heimat bestand aus schnell rekrutierten oder aus anderen Einheiten zusammengezogenen Soldaten, oft ohne Kampferfahrung und völlig unvorbereitet angesichts der Gefechtsverhältnisse an der Ostfront, sodass wiederum ihre Todesrate gleich in den ersten Tagen des Einsatzes steil anstieg. Diese Tatsachen vermochte auch nicht der von Hitler, der militärischen Führung und endlich von Goebbels' Propagandamaschinerie dankbar aufgenommene Verweis auf die schlechten Witterungsverhältnisse aus der Welt zu schaffen – die oft berufenen «Generäle Winter und Schlamm». Wie ein Generalstabsoffizier lakonisch vermerkte: «Dass es in Rußland um diese Zeit kalt werden kann, gehörte eigentlich zum ABC eines Ostfeldzuges.»

Die deutschen Hoffnungen richteten sich nun auf das Jahr 1942. Soweit sie Hitler selbst und Teile seiner Generalität betrafen, blieben sie nach wie vor getragen von dem penetrant zur Schau gestellten Optimismus, die Sowjetunion in die Knie zwingen zu können. Dahinter aber walteten indessen vermehrt apokalyptische Visionen, greifbar etwa in einem der von Hitler geführten Tischgespräche am 27. Januar 1942: «Ich bin auch hier eiskalt: Wenn das deutsche Volk nicht bereit ist, für seine Selbsterhaltung sich einzusetzen, gut: dann soll es verschwinden». Ziemlich genau ein Jahr später tat dies fürs Erste auch eine Armee.

II. Im Kessel
oder Eine Armee verschwindet

«Der Führer lässt auf Folgendes hinweisen:
Der Russe ist z. Zt. wohl kaum in der Lage, eine große Offensive mit weiträumigem Ziel zu beginnen.»
OKH/Chef des Generalstabs des Heeres Zeitzler am 23.10.1942, 1. Ergänzung zum Operationsbefehl Nr. 1

1. Der Krieg als Willensakt

Auch wenn der Krieg vor Moskau in einer Niederlage endete, so hieß das natürlich keineswegs, dass auf deutscher Seite die Siegeszuversicht ernsthaft Schaden genommen hätte. Jedenfalls galt dies für jene Generäle, die durch die Niederlage vor Moskau nicht «die Nerven verloren hatten». Zwar Ausdruck der angespannten Lage, blieb dies dennoch eine ominöse, psychologisierende Begründung. Sie tauchte nun ebenso wie die jetzt öfter verwendete Sprachfigur des «stahlharten» oder «bedingungslosen Willens», auch in aussichtslos scheinenden Situationen aus- und durchzuhalten, immer häufiger in Befehlen und Lageeinschätzungen auf.

Seit den Tagen des Ersten Weltkriegs spukte derlei in den Köpfen der eben in diesem ersten Weltkrieg als junge Front- oder Stabsoffiziere militärisch sozialisierten deutschen Generalität herum. Dass den im August 1914 beginnenden Weltkrieg gewinnen werde, wer die «besseren Nerven» und den «stärkeren Willen» zeige, war schon in den ersten Äußerungen Kaiser Wilhelms II. nachzulesen. Beherrscht von solcher Zuversicht zeigte sich auch – bis in die direkten Befehle hinein – die Sprache Hindenburgs und Ludendorffs. Insgesamt gerieten die «besseren Nerven» und der «stählerne Willen» zum probaten semantischen Mittel, um sowohl den grassierenden Hunger an der Front und in der Heimat zu kaschieren als auch die materielle Überlegenheit einer ganzen «Welt von Feinden» wegzureden. Noch in der Zwischenkriegszeit waren die Verfassung der «Nerven» und vor allem die des «Willens» manchem «Heimatkrieger» und Militärtheoretiker entscheidende Faktoren in der Beurteilung der Heimat – der eben flächendeckend die «Nerven» gerissen seien – und der Armee, die, an sich willensstark, eigentlich hätte siegen können. Der stahlhelmbewehrte, mit starrem Blick in imaginäre Fernen schauende Weltkriegssoldat, bereits vielfach porträtiert auf den Kriegsanleiheplakaten seit 1917, und die durch ihn personifizierte willensstarke Entschlossenheit wurden nun auch zum Inbegriff des soldatischen Nationalismus in der Weimarer Republik. Soweit es die Favorisierung des «stahlharten Willens» betraf, fand die Botschaft schließlich Eingang in den Ausbildungskanon der Reichswehr und der Wehrmacht.

Es war im Übrigen eine Sprache, die auch mit der Hitlers vollständig kompatibel war, eine Sprache, die der «einfache Gefreite des Weltkriegs» verstand und verwendete, nicht zuletzt deshalb, weil die mit ihr transportierte Überzeugung spezifisch deutscher, mentaler Überlegenheit sich umstandslos mit der einer rassistisch begründeten verbinden ließ. So mochte Hitler auch seinem ansonsten eher skeptisch betrachteten Generalstabschef Halder durchaus zustimmen, als der im März 1942 gar den gesamten Krieg gegen die Sowjetunion als letztlich natürlich siegreichen «Krieg des Willens» bezeichnete.

Der Krieg als – wo die materiellen Reserven fehlten – purer Willensakt galt indessen nicht nur der immer angestrebten Offensive als eine Art mentaler Wegweiser. Er implizierte darüber hinaus auch eine spezifische Einstellung, wenn defensive Operationen notwendig oder vom Feind erzwungen wurden. Das hatte sich schon während der sowjetischen Gegenoffensive vor Moskau gezeigt, die wie geschildert große Anfangserfolge zu verzeichnen hatte. Im Grunde waren die Wehrmacht und ihre Führung darauf nicht vorbereitet. Der Rückzug, der Übergang zur Defensive gehörte zu jenen Friktionen, die im Konzept des «Blitzkriegs» nicht vorgesehen waren. Hitler und Teile der militärischen Führung reagierten darauf mit der Negierung der aktuellen Realität, der in Reden und Weisungen wiederholten Erwartung, die Offensive könne wieder aufgenommen werden – und mit bedingungslosen «Halte-Befehlen». Auch wenn sie vor Moskau noch erfolgreich umgesetzt werden konnten – wenngleich um den Preis bis dahin nicht gekannter Verluste –, sollte das nicht darüber hinwegtäuschen, dass die diesen «Halte-Befehlen» zugrundeliegende Mischung aus Willensmobilisierung, Wunschdenken und strategischer Ratlosigkeit von nun an immer öfter das Handeln der militärischen Führung bestimmte. Für Hitler, der in seiner Selbstwahrnehmung angesichts der sowjetischen Offensive vor Moskau als einziger unter seinen Generälen «die Nerven behalten» hatte, war denn auch die erst Ende Januar 1942 erreichte Stabilisierung der Front ein «Triumph des Willens».

Der Kulminationspunkt solcher Fokussierungen auf eine vermeintliche mentale Überlegenheit angesichts materieller Unterlegenheit und der daraus folgenden Handlungsmaximen wurde in Stalingrad erreicht. Dort und im Zusammenhang mit den Folgen der Schlacht an der Wolga sollte sich in Hitlers Befehls- und Verlautbarungssprache der «bedingungslose Willen» endlich zum «fanatischen Willen» bzw. zur «fanatischen Entschlossenheit» steigern, um keinen Preis zu kapitulieren oder sich auch nur zurückzuziehen. Das war die Semantik des so irrwitzigen wie totalen Krieges, die Strategie des Alles-auf-eine-Karte-setzens, die sich in Hitlers Vorstellungswelt schon im Aufstiegskampf der NSDAP zur Macht so bewährt hatte.

Generäle und Feldmarschälle aber wie von Brauchitsch, von Bock, Hoepner oder Guderian, die entweder wie von Brauchitsch den gesamten «Ostfeldzug als nicht gewonnen bezeichneten» oder wie von Bock oder Hoepner für umfassende Rückzüge in zu bildende Auffangstellungen plädierten, wurden nun in rascher Folge von Hitler entlassen oder baten selbst, zumeist mit Erkrankung oder Erschöpfung begründet, um die Entbindung von ihren Kommandos. Fast die Hälfte aller Generäle in hohen Kommandostellen wurde in den noch folgenden Jahren des Krieges abgelöst, versetzt und/oder gemaßregelt sowie mitunter auch wieder reaktiviert. Insofern markierte das Scheitern aller Blitzkriegpläne vor Moskau auch den Beginn der nun offen zutage liegenden Spannungen zwischen Hitler und Teilen seiner Generalität. Deren Mitverantwortung steht allerdings außer Frage; nach Beispielen einer auf militärischem Sachverstand beruhenden Widerständigkeit gegenüber Hitlers Befehlen sucht man vergebens.

Zum Zeitpunkt der Niederlage vor Moskau, im Dezember 1941, hatten die Planungen für den in Aussicht genommenen Frühjahrsfeldzug längst begonnen. Wie schon die Vorbereitung des Überfalls auf die Sowjetunion im Juni 1941 waren auch sie durchdrungen von der Absicht, den Gegner zu vernichten. Der «Vernichtungsgedanke» ist wörtlich zu nehmen und betraf sowohl die «Behandlung» der Bevölkerung in den zu erobernden Gebieten bzw. der Gefangenen wie auch den militärischen Feind. In den bereits eroberten Gebieten gingen die Vernichtungspläne, konkretisiert in der Zerstörung der Städte und der Industrie sowie der rücksichtslosen Nutzung von landwirtschaftlichen Erzeugnissen, nach wie vor verstärkt mit der Ermordung großer Teile der Bevölkerung einher.

In diesem Zusammenhang gehörten die Kriegsgefangenen und die Juden, in denen die Eingreiftruppen der SS und des SD sowie die mehrheitlich nationalsozialistisch ideologisierte Wehrmacht per se Partisanen und der deutschen Herrschaft feindlich gesinnte «Saboteure» und «Hetzer» sahen, zu den bevorzugten Opfergruppen. Dabei scheinen insbesondere die Massenerschießungen von Juden ab September/Oktober 1941 in den bis dahin besetzten sowjetischen Landesteilen mit der Mitte September 1941 gefallenen Entscheidung zusammenzuhängen, mit der Deportation der deutschen Juden – und schließlich auch der Juden aus den von der Wehrmacht besetzten Ländern – in die nun allmählich entstehenden Vernichtungslager im okkupierten Polen zu beginnen. Gegen Ende des Jahres 1941 schließlich waren erstmals «Experimente» angestellt worden, die die technischen Voraussetzungen für die dann seit Sommer 1942 einsetzende «Ausrottung» aller europäischen Juden bildeten, derer man habhaft werden konnte: Das Giftgas Zyklon B wurde an einigen hundert sowjetischen Kriegsgefangenen «ausprobiert» und die Erfurter Firma Topf und Söhne erhielt den Auftrag zum Bau eines großen Krematoriums im bis dahin noch «nur» als Konzentrationslager genutzten Lagerkomplex in Auschwitz.

Daneben stand der «Vernichtungsgedanke» seit den Tagen von Clausewitz und Schlieffen im Mittelpunkt des deutschen militärischen Führungsstils. Damit soll natürlich keineswegs ein direkter Zusammenhang zwischen der aus rassenideologischen und kriegsökonomischen Gründen durchgeführten «Vernichtung» der Bevölkerung und der wie auch immer begründeten, in der strategisch-taktischen Planung jeder Armee bedeutsamen «Vernichtung» des militärischen Gegners konstatiert werden. Die besonders im Ersten Weltkrieg stattgefundene Entwicklung zum totalen Krieg und ihre Auswirkungen auf die deutsche Kriegführung im Zweiten Weltkrieg sind zu komplex, um sie hier auch nur skizzieren können. Man wird indessen festhalten können, dass «zwischen 1941 und 1943», wie der Militärhistoriker Michael Geyer zusammenfasste, die aus den Erfahrungen des Krieges 1914–18 destillierte «apokalyptische Kriegsvision zur strategischen Realität im Osten» geworden ist. Ihre gleichsam grundsätzlichste Umsetzung erfuhr sie in der Tatsache, dass erst die Vernichtungsfeldzüge der Wehrmacht die «Vernichtung» der in den eroberten Gebieten lebenden Zivilisten und der gefangen genommenen Soldaten ermöglichten.

Der rein operativ motivierte «Vernichtungsgedanke» deutscher Provenienz besagte im Grunde, dass es während eines Krieges kaum auf «ordinäre Siege», sondern vielmehr auf die vollständige Vernichtung der feindlichen Kräfte anzukommen habe. Der Militärhistoriker Herbert Rosinski hat in seiner großen, in der Emigration verfassten Studie über «Die deutsche Armee» herausgearbeitet, in wie starkem Maße die «letzte logische Konsequenz des Vernichtungsgedankens im Sinne der physischen Auslöschung des Gegners» in der «Idee der völligen Einkreisung» gipfelt, die schließlich auch in der ersten Phase des Krieges gegen die Sowjetunion im «Verfahren von Keil und Kessel» realisiert worden sei. Im Mittelpunkt stand dabei «das Bestreben, wenn möglich mit einem Schlag eine radikale Lösung zu erzielen», oder zumindest doch das Bemühen, «alle Feldzüge in so wenig Hauptschlägen wie erforderlich zu entscheiden». Dieses Grundprinzip, das letztlich auch noch die Basis der Blitzkriegkonzeption mit ihren angestrebten großen Kesselschlachten bildete, barg natürlich entsprechend hohe Risiken. Mit einem Wort: Die darin liegende Notwendigkeit, in entscheidenden Situationen alles auf eine Karte zu setzen, erforderte im Sinne der Überlebenschancen der eigenen Truppe – und der hinter ihr stehenden Nation – auch die Fähigkeit des militärischen Führers zu erkennen, «wann er abzubrechen hat, wenn sein strategischer Instinkt ihn warnt, dass der Versuch offenkundig aussichtslos geworden ist».

Wenn es diesen «strategischen Instinkt» denn nach dem Misserfolg im Dezember 1941 gegeben hat, so konnte er sich jedenfalls gegenüber Hitler nicht durchsetzen. Ja, es finden sich Beispiele zuhauf für die völlige Pervertierung des rein militärischen, dabei seiner Grenzen ursprünglich gewissen «Vernichtungsgedankens», die direkt aus der Armee selbst kamen. Als etwa die Belagerung Leningrads im September 1941 begann, stellte sich rasch heraus, dass diese Belagerung nicht nur zwei ganze Armeen für unabsehbare Zeit binden würde, sondern auch, angesichts des fast täglichen Artilleriebeschusses, großer Munitionsmengen bedurfte. Um diesen Vorgang zu beschleunigen, d. h. um die Einwohnerschaft der Stadt zu «beseitigen» – und so zugleich Munition zu sparen und unerwünschte «Esser» loszuwerden –, arbeitete der Major im Generalstab Zimmermann, zugleich Sachgebietsleiter beim Generalquartiermeister des Heeres, einen Plan aus. Er sah vor, mit vorhandenen, über zwei Millionen Gasgranaten und Bomben die Leningrader zu vergiften. Der Plan wurde zwar nicht verwirklicht, aber seine bloße Existenz verdeutlicht, wie schrankenlos sich militärisch und kriegsökonomisch begründete «Zweckmäßigkeiten» zur potenziell täglichen Untat verdichten konnten. Der «Vernichtungsgedanke» war dabei zu einer Art Obsession geworden und nicht mehr «nur» ein wirksames Werkzeug in den Händen der militärischen Führung, um einen Krieg zu gewinnen. Die «Vernichtung» war nunmehr das Eigentliche des Krieges, die «Vernichtung» nicht nur des militärischen Gegners, sondern des gesamten Volkes, dem er entstammt.

2. Ein neuer Plan

Nicht allein der Blitzkrieg gegen die Sowjetunion in der vollen Breite aller drei Heeresgruppen war gescheitert – auch die Grundlage des Krieges im Osten, ja, des von Deutschland angezettelten Weltkrieges insgesamt war mit der Niederlage vor Moskau in Frage gestellt. Denn nur die möglichst schnelle Niederwerfung der Sowjetunion konnte der langfristigen Absicht dienen, «Lebensraum im Osten» zu schaffen, mithin, neben der Bereitstellung von Siedlungsland für deutsche Kolonisten, die Vernichtung des sowjetischen Staates und zu großen Teilen auch die seiner Bewohner zu betreiben oder sie zu bloßen Heloten für die deutsche Herrschaft zu erniedrigen.

Gleichzeitig hatte sich mit dem Kriegseintritt der USA auch die gesamtstrategische Lage entscheidend geändert. Das erklärte Ziel, die Sowjetunion vor dem erwarteten Kriegseintritt der Vereinigten Staaten zu besiegen, um auf der so gewonnenen neuen Grundlage im Bereich der Ernährung, der industriellen Erzeugnisse und vor allem der Rohstoffe den Krieg gegen die nun übermächtige westalliierte Koalition überhaupt durchzuhalten, war gescheitert. Das konnte nicht ohne Folgen für die nun gänzlich neu zu organisierende deutsche Kriegswirtschaft bleiben. Eine totale Mobilisierung der Heimat für einen langen Krieg war aus deutscher Sicht das Gebot der Stunde.

Die bereits inmitten des noch siegreichen Sommers 1941 beschlossene Konzentrierung der Rüstung auf die Luftwaffe und insbesondere die Marine wurde nun zugunsten des Heeres wieder rückgängig gemacht. Mit der Bestellung von Hitlers Leibarchitekten Albert Speer zum Reichsminister für Bewaffnung und Munition sowie mit der des Gauleiters Sauckel zum Generalbevollmächtigten für den Arbeitseinsatz waren zwei wichtige Eckpfeiler der Aufrüstung benannt. Denn neben einer Intensivierung, Zentralisierung und Normierung der deutschen Rüstungsproduktion ging es dabei auch um die dafür notwendigen Arbeitskräfte, die nun verstärkt aus den besetzten Ländern als Zwangsarbeiter herangezogen oder aus der immer größer werdenden Opfergruppe der Kriegsgefangenen und Lagerhäftlinge rekrutiert wurden. Grundlage aller neuen Rüstungsbemühungen und Durchhaltestrategien war indessen die Sicherstellung der Rohstoffversorgung, die vor allem im Bereich des Mineralöl-Nachschubs schon seit dem Herbst 1941 im Argen lag.

Im verbrechenslogischen Zusammenhang deutscher Kriegführung war es daher unabdingbar, für 1942 die strategische Initiative zurückzugewinnen und die UdSSR im zweiten Anlauf zu besiegen. Nur so, das heißt mit der Okkupation weiterer Agrarflächen, die mit einer äußerst brutalen «Hungerpolitik» vor allem gegenüber sowjetischen Juden und den Kriegsgefangenen einherging, und insbesondere durch die Gewinnung von Bodenschätzen – womit im Rahmen der Sommeroffensive die Ölfelder um Baku und im Nordkaukasus gemeint waren – konnte überdies das eigentliche, auch jetzt nicht aufgegebene Ziel, die Schaffung eines Ostimperiums, weiter verfolgt und der dafür notwendige Krieg geführt werden. «Wenn ich das Öl von Maikop und Grosny nicht bekomme», so Hitler während eines Frontbesuchs im Frühjahr 1942, «dann muß ich diesen Krieg liquidieren.» Maikop immerhin – gemeinsam mit Grosny zwischen Schwarzem und Kaspischem Meer gelegen und wichtiger Ort der Erdölförderung – sollten deutsche Truppen am 9. August 1942 erobern. Doch die fast zeitgleich mit der Wehrmacht einrückende «Mineralölbrigade» traf auf von der Roten Armee restlos zerstörte Förderanlagen. Eine kurzfristige Reparatur war unmöglich, an eine erhoffte Fördermenge von über einer Million Tonnen pro Jahr nicht zu denken.

Die operativen Ziele des zweiten Feldzugs, festgelegt in der Weisung Nr. 41 vom 5. April 1942, Deckname «Blau» – ab dem 30. Juni Deckname «Braunschweig» –, entsprachen den kriegsökonomischen Absichten Hitlers. Es sollte im Kern die «den Sowjets noch verbliebene lebendige Wehrkraft endgültig» vernichtet werden, «um sodann die Ölgebiete im kaukasischen Raum und deren Übergang über den Kaukasus zu gewinnen», wie es in der Weisung hieß. Das waren einst schon die Russland betreffenden Kriegsziele der dritten Obersten Heeresleitung im Ersten Weltkrieg gewesen. Im Diktatfrieden von Brest-Litowsk, unterzeichnet im März 1918, war das bolschewistische Russland verpflichtet worden, dem Deutschen Reich neben Getreide vor allem Erdöl zu liefern. Noch in den letzten Monaten des Ersten Weltkriegs, im Frühsommer 1918, entsandte die Heeresleitung eine Infanteriedivision bis ans Schwarze Meer, um den Forderungen Nachdruck zu verleihen und zugleich das Öl vor dem befürchteten Zugriff englischer Truppen zu schützen. Vor diesem Hintergrund verstanden zumindest Teile der deutschen Generalität durchaus, welche kriegsökonomische und strategische Bedeutung das operative Ziel Kaukasus besaß.

Als einziges Zugeständnis an die eindrucksvolle, den Vormarsch der Wehrmacht schon im Vorjahr immer wieder behindernde Bereitschaft zum Massenopfer der sowjetischen Soldaten sah die «Operation Blau» nun eine Konzentration der deutschen Kräfte auf nur eine Heeresgruppe vor, und zwar auf die südliche. Allerdings war diese Zusammenfassung der Kräfte bei Lichte besehen vor allem der Tatsache geschuldet, dass einem Angriff in der Breite aller drei Heeresgruppen in jeder Hinsicht das dafür notwendige Material und nicht zuletzt die Soldaten fehlten. Nach einer oft zitierten, vom Generalstab des Heeres veranlassten «Kampfwertbeurteilung» der Armee im Osten waren Ende März 1942, mithin knapp drei Monate vor Beginn der Operation «Blau», noch ganze acht Divisionen – oder 5 Prozent aller vorhandenen Einheiten – «für alle Aufgaben geeignet». Zum Vergleich: Bei Beginn des Überfalls im Juni 1941 wurde noch 64 Prozent der Divisionen die volle Einsatz-, und das hieß in erster Linie: die volle Angriffsfähigkeit attestiert.

Eine andere Zahl macht die dramatischen Verluste der Wehrmacht noch deutlicher. Zwischen Ende Juni 1941 und März 1942 waren fast 15 000 deutsche Offiziere aller Dienstränge, besonders aber subalterne Frontoffiziere zwischen Leutnant und Hauptmann, getötet worden. Die Zahl dieser toten Männer gewinnt noch an Gewicht, wenn man sich klar macht, dass nach Beginn des Zweiten Weltkriegs im September 1939 bis zum Überfall auf die Sowjetunion «nur» 1250 Offiziere gefallen waren. Das waren Verluste, die bis zum Beginn der zweiten Offensive im Juni 1942 nicht mehr oder doch nur in geringem, bei weitem nicht ausreichendem Umfang ausgeglichen werden konnten. In der Summe fehlten der deutschen Ostfront über eine halbe Million Soldaten, um die in den kommenden Offensiven eingesetzten Divisionen und deren Nachschub voll einsatzfähig zu machen.

Kompensiert wurde dieser offen zutage liegende Mangel mit der nach wie vor präsenten militärischen und rüstungsökonomischen Unterschätzung des Gegners und der Überschätzung der eigenen verbliebenen Kampfkraft, der qualitativen Güte der eigenen Waffen und der militärischen Führung, ob im Gefecht oder in der taktischen Planung. Im Kontext dieses prinzipiellen Optimismus, der von den Hitler umgebenden und ihn beratenden Generälen geteilt wurde, war militärisch begründete Skepsis gegenüber den operativen Zielen der geplanten Sommeroffensive kaum möglich und wurde jedenfalls nicht ausgesprochen. Überdies trugen die auf den ersten Blick hoch komplex organisierten deutschen Führungsstrukturen etwa innerhalb des Generalstabs oder des Oberkommandos der Wehrmacht mit dazu bei, dass es zu einer Art Selbstblockade in den Entscheidungsabläufen kam. Umso größere Bedeutung gewann die direkte Kommunikation mit Hitler selbst, bei dem alle Fäden zusammenliefen; er war das «im Grunde einzige Entscheidungszentrum», wie der Militärhistoriker Bernd Wegner feststellt. «Es entstand so geradezu ein Wettlauf der militärischen Interessenvertreter um die Gunst des ‹Führers› (...).»

Der junge Historiker und Schriftsteller Felix Hartlaub hat diese Entwicklung vielfach beschrieben und glossiert. Ihm verdanken wir eine Reihe anschaulicher Beobachtungen über Ambiente und Personal innerhalb der höchsten deutschen Führungsinstanz. Hartlaub, seit den Kämpfen um Berlin 1945 vermisst, diente während des Zweiten Weltkriegs als Obergefreiter und Schreiber im Führerhauptquartier, wo er bei den Akten des offiziellen Kriegstagebuchs tätig war und sich geheime Aufzeichnungen machte. Über das den «Führer» umgebende militärische Gefolge schrieb er voller Ironie: «Fanatiker gehören hierher, wilde besessene Arbeitsnaturen, meinetwegen ungeschliffen, ungerecht, rücksichtslose Menschenverbraucher. Stattdessen gibt es nur den einen Fanatiker und einen Haufen gefälliger Kautschukzwerge, dazu vielleicht noch ein paar halbblinde Arbeitselefanten und eine Koppel scharfer Doggen, das ist alles, immer dasselbe bei großen Männern.»

Dennoch schien, wie schon bei Beginn des Überfalls auf die Sowjetunion, auch fast auf den Tag genau ein Jahr später – am 28. Juni 1942, dem Tag des Angriffs durch die Heeresgruppe Süd – der Wehrmacht zunächst alles zu gelingen. Und wie um die Parallele auch auf der Seite des Gegners zu bestätigen, zeigte sich die Rote Armee wiederum völlig unvorbereitet. Warnungen und Hinweise über die eigentliche Ausrichtung der deutschen Offensive gab es, ähnlich wie im Juni 1941, zuhauf. Die eindringlichsten fanden sich in einem hinter den sowjetischen Linien abgestürzten deutschen Kurierflugzeug, das den Major im Generalstab Reichel von der 23. Panzerdivision transportierte, der verbotenerweise die gesamten deutschen Aufmarschpläne mit sich geführt hatte. Doch Stalin hielt diese Pläne und die Art ihrer Auffindung für inszeniert, um die sowjetische Führung zu täuschen. Auf seine Anordnung hin und vor dem Hintergrund der Erfahrungen des vergangenen Jahres waren die sowjetischen Kräfte im Zentrum, gegenüber der Heeresgruppe Mitte, massiert worden.

Denn genau hier, Stoßrichtung Moskau, erwarteten Stalin und viele seiner Generäle den deutschen Angriff, sicher in ihrer Gewissheit, die Wehrmacht werde nun versuchen zu Ende zu bringen, was im Dezember 1941 gescheitert war.

Doch Hitler hatte – gegen den Widerstand vieler Generäle, die tatsächlich die Ausschaltung der politischen und wirtschaftlichen Zentrale Moskau empfahlen – anders entschieden und der Eroberung neuer Rohstoffreserven im Süden der Sowjetunion den Vorzug gegeben. So lag Stalin mit seiner Einschätzung der deutschen Stoßrichtung genauso falsch wie ein Jahr zuvor, als er das operative Ziel der Deutschen noch dort wähnte, worauf es nun erst mit aller Macht zielte: den gesamten Kaukasus, um nach dessen Okkupation weiter bis zum Kaspischen Meer vorzudringen und damit gleichermaßen der Sowjetunion den «Ölhahn zuzudrehen» wie sich der dort liegenden Ölfelder für die eigene Kriegführung zu vergewissern. Auf diese Weise, wie Goebbels eine Äußerung Hitlers gewohnheitsmäßig brutal in seinem Tagebuch notierte, «drücken wir dem Sowjetsystem sozusagen den Adamsapfel ein».

Bestärkt in seinem Handeln wurde Stalin indessen durch die Verbesserung der kriegsökonomischen Lage. Denn es war trotz des schnellen Vormarschs der Wehrmacht im Sommer und Herbst 1941 tatsächlich gelungen, wichtige Industriebetriebe in weiter östlich gelegene Gebiete zu verlagern. So wurde beispielsweise das Rohrwalzwerk in Dnjepropetrowsk im September 1941 binnen weniger Wochen abgebaut, auf Güterwagen in einen über 2000 Kilometer entfernten Ort im Ural gebracht und wieder instand gesetzt. Bereits zu Weihnachten lief die Produktion wieder an. Aber unter welchen Lebensverhältnissen für die Arbeiter und Arbeiterinnen! Schlammperioden und Dauerfrost beeinträchtigten den Alltag ebenso wie der Hunger und fehlende Behausungen; teilweise verbrachten die Menschen ihre spärlich bemessene Zeit abseits der Drehbänke und Fließbänder in Erdhöhlen oder auch nur schnell ausgehobenen Erdlöchern.

Insgesamt gelang es, so die Schätzungen, fast 25 Millionen Menschen und über 2500 kriegswichtige Industriebetriebe in den Ural, aber auch in Richtung Kasachstan und Sibirien zu evakuie-

2. Ein neuer Plan

ren; bis Ende Juni 1942 arbeiteten praktisch alle demontierten und verlegten Betriebe wieder. Die Meldungen über diese «Produktionsfront» berichteten erstmals zum Jahreswechsel 1941/42 über erfreuliche Fortschritte, die – wenngleich nicht im Bereich der Schwerindustrie, so doch in dem des Ausstoßes von Rüstungsgütern – anhielten. Sie sicherten – bei gleichzeitiger Vernachlässigung der Produktion ziviler Güter – über den ganzen Krieg hinweg der Roten Armee eine quantitative Überlegenheit bei der Verfügbarkeit von Panzern, Flugzeugen und Artilleriegeschützen aller Kaliber. Hinzu kamen neue, unter den harten Kriegsbedingungen errichtete Kraftwerke und die Erschließung neuer Rohstoffvorkommen. Im Kusbas und in Karaganda etwa entstanden Kohlengruben, in denen vorwiegend Frauen und Jugendliche schufteten. Stalin und seinem Volk schien zu gelingen, wonach Hitler erklärtermaßen immer gestrebt hatte: die vollkommene Autarkie, die exportunabhängige Nutzung und Erzeugung von Rohstoffen und Gütern. Nicht ganz zu Unrecht ist deshalb in der Forschung angesichts der gelungenen Verlagerung der sowjetischen Industrie hinter den Ural und der Erschließung neuer Rohstoffvorkommen von einem «ökonomischen Stalingrad» für Deutschland gesprochen worden.

Allerdings ist das nur die halbe, wenngleich von der sowjetischen Propaganda immer wieder präsentierte Rechnung. Denn die nun allmählich anlaufenden Material- und Lebensmittellieferungen aus England, Kanada und vor allem aus den USA bekamen eine immer höhere Bedeutung. Die Sowjetunion hatte nach ihrem nicht erwarteten Sieg vor Moskau einen ganz neuen Stellenwert als Koalitions- und Bündnispartner bekommen. Über den umkämpften eisfreien Hafen in Murmansk, über Archangelsk, Wladiwostok und auf dem Landweg über den Iran wurde in riesigen Konvois, die sich zur See deutscher U-Boote zu erwehren hatten, in einem endlosen Strom herangeschafft, was die Sowjetunion bei der Mobilisierung für den Krieg und im Ernährungs- und Ausrüstungssektor dringend benötigte. Neben Lokomotiven und Güterwagen, deren Verluste in den ersten Kriegsmonaten besonders hoch waren, wurden Stoffe für über 50 Millionen Uniformen, fast 15 Millionen Paar Stiefel und nicht zuletzt spezielles Dosenfleisch für die Verpflegung der Rotarmisten geliefert, abgestimmt auf den russischen Geschmack und zubereitet nach Rezepten einst ausgewanderter russischer Bauern aus dem mittleren Westen der USA. «Zweite Front» lautete die bis zur Invasion der Alliierten in der Normandie im Juni 1944 gebräuchliche Bezeichnung für diese Dose Fleisch, die sich bald in jedem Brotbeutel eines Rotarmisten fand. Berühmt aber – und letztlich entscheidend für die vor allem nach Stalingrad unter Beweis gestellte hohe Beweglichkeit sowjetischer Verbände – wurden die amerikanischen Lastwagen der Marken Studebaker und Dodge. Über 400 000 Stück von ihnen bildeten schließlich das logistische Rückgrat der Roten Armee.

Stalin, im plötzlichen Wechsel zwischen Niedergeschlagenheit und völlig unbegründeter Euphorie Hitler nicht unähnlich, vermeinte sich nach den schweren Niederlagen in der Anfangsphase des Krieges zu Beginn des Jahres 1942 auf der Straße des Erfolgs, ja, er sah bereits den Sieg über «Hitler-Deutschland» am Horizont aufleuchten. Vor diesem Hintergrund ordnete er im April 1942 im Mittelabschnitt der Front die Rückeroberung der Stadt Charkow an, die sich mittlerweile zum bedeutenden Verkehrsknotenpunkt für die deutsche Versorgung entwickelt hatte. Doch abgesehen davon, dass weder die dafür zur Verfügung stehenden Truppen noch ihre taktische Führung zu diesem Zeitpunkt für solch eine Operation bereit waren, hatte dieses Mal auch der militärische Nachrichtendienst der Wehrmacht aufgepasst. Die sowjetischen Einheiten stießen in ihr Verderben vor und wurden ab dem 22. Mai in einer neuerlichen Kesselschlacht vernichtet. Drei sowjetische Armeen hinterließen über 200 000 Gefangene und riesige Mengen von Kriegsmaterial. Für Hitler war Charkow, wie er in einer Rede am 30. Mai 1942 vor 10 000 jungen Offizieren ausführte, nur der Vorbote der großen Erfolge, die im Sommer kommen würden. Tatsächlich hatte sich durch die deutschen Erfolge im Frühjahr 1942 die Ausgangslage für die anstehende Sommeroffensive bedeutend verbessert.

Ein ähnlicher Offensivstoß wie gegen Charkow endete auch auf der Krim für die Rote Armee tragisch. Dort mischte sich überdies, gleichsam als verlängerter Arm Stalins, der ehemalige

Herausgeber der «Prawda» und inzwischen zum Leiter der Politischen Hauptverwaltung der Armee avancierte Lew S. Mechlis, wesentlich verantwortlich für den politischen Terror in der Armee, direkt in das militärische Geschehen ein. Sein Verbot, Schützengräben auszuheben, weil dies womöglich die «Angriffslust» der Soldaten lähmen könnte, kostete innerhalb von 12 Tagen über 160 000 Soldaten das Leben. Viele von ihnen starben durch sowjetische Kugeln, denn der aus teils aberwitzigen Gründen ausgesprochene Verdacht, Soldaten hätten sich der «Feigheit vor dem Feind» schuldig gemacht, wurde unmittelbar mit dem Tod bestraft.

Diese Ereignisse waren erste Vorboten des von Stalin bzw. vom Volkskommissariat für Verteidigung am 28. Juli 1942, einen Monat nach Beginn der deutschen Offensive, erlassenen Befehls Nr. 227. Angesichts der großen Anfangserfolge der Heeresgruppe Süd im Sommer 1942 lautete dessen Kernbotschaft: «‹Nicht einen Schritt zurück!› muss von nun an unsere wichtigste Parole sein. Beharrlich, bis zum letzten Blutstropfen, muss jede Stellung, jeder Meter sowjetischer Erde verteidigt werden, muss sich an jedes Fleckchen Erde geklammert und es bis zur letzten Möglichkeit gehalten werden!» Und in Erweiterung des Befehls Nr. 270 vom August 1941, der für alle Soldaten und Offiziere, die in Gefangenschaft gerieten, die Anklage als «Vaterlandsverräter» androhte, verschärfte sich nun nochmals das Ausmaß der Sanktionen. Jeder, ob Offizier, Unteroffizier oder Soldat, der erkennbar bzw. auf Verdacht hin diesem Befehl zuwiderhandelte oder sich auch nur des kleinsten disziplinarischen Vergehens schuldig machte, wurde aufgrund schnell durchgeführter Kriegsgerichtsverfahren sofort erschossen oder in eines der nun vermehrt aufgestellten Strafbataillone versetzt.

Dabei berief sich der Befehl auf die Wehrmacht, die angesichts der Krise vor Moskau «über 100 Strafkompanien» aufgestellt habe. Der Erfolg sei nicht ausgeblieben: «Jetzt kämpfen die deutschen Truppen besser als im Winter. Die Deutschen haben eine gute Disziplin, obwohl sie nicht die hohe Aufgabe haben, ihre Heimat zu verteidigen.» In der folgenden Übernahme des deutschen Vorbilds wurde es indessen ins Gigantische gesteigert. Die Soldaten in den Strafbataillonen kamen als reines «Kanonenfutter» zum Einsatz, sie wurden über vom Feind vermintes Gelände zum Angriff oder als «Himmelfahrtkommandos» in von vornherein aussichtslose Unternehmen gezwungen. Nur wer diese Taktik des «Verheizens» mehr oder weniger schwer verwundet überlebte, durfte seine «Vergehen» als «mit Blut gesühnt» betrachten. Fast eine halbe Million Männer dienten im weiteren Verlauf des Krieges in solchen Strafbataillonen, geschätzte 160 000 Soldaten wurden aufgrund fadenscheiniger Anklagen erschossen. So genannte Abriegelungstruppen, die hinter den regulären, angreifenden Einheiten aufgestellt wurden, sollten – auch hierin berief man sich auf das deutsche Vorbild – jede Panik oder gar Desertionsabsichten im Keim ersticken und mit drakonischen Strafen ahnden. Sie wurden zwar schon im Oktober 1942 wieder aufgelöst, doch die zuvor unterstützenden NKWD-Trupps blieben – praktisch auf dem gleichen Aufgabenfeld – auch weiterhin tätig.

Das war ein nach innen gerichteter Terror, dessen alltägliche Praxis potenziell jeden Soldaten der Roten Armee fast ebenso bedrohte wie der Feind. Dabei ist das Adjektiv «alltäglich» ganz wortwörtlich zu nehmen, denn in der Roten Armee war es üblich, den Soldaten mit ihrem Eintritt in die Streitkräfte keinen Heimaturlaub zu gewähren; die Rotarmisten hatten in ihren Einheiten zu dienen, bis sie tot waren oder schwer verwundet wurden. Die «Prawda» sprach am 30. Juli 1942 davon, dass nur «eiserne Disziplin und Kaltblütigkeit (…) die Voraussetzungen unseres Sieges» sein könnten. Dass und in welchem Umfang der nur innerhalb der Roten Armee verlesene Befehl Nr. 227 und die von ihm abgeleitete Bestrafungspraxis zu dieser «eisernen Disziplin» beitrugen, verschwieg sie wohlweislich.

Erst in den späten 1980er Jahren wurde der Befehl in der Periode der «Perestroika» öffentlich bekannt und diskutiert. Im Mittelpunkt der sowjetischen Kriegspropaganda stand hingegen – wie schon 1941 und eigentlich auch schon wie im Bürgerkrieg – die Mobilisierung patriotischer Gefühle für das «Heilige Russland». Der Krieg gegen die «faschistische Bestie» wurde zum «Kreuzzug» verklärt, in dessen Umfeld die profane Wirklichkeit des Befehls Nr. 227 und die mit ihm indirekt bestätigte Existenz von «Feigheit», Befehlsverweigerungen und Desertionen keinen Platz hatten und haben durften. Bis heute überwiegt in der russischen Diskussion die Ansicht, der Befehl sei bei aller Grausamkeit und Willkür seiner Umsetzung angesichts der drohenden Gefahr notwendig gewesen. Doch die darin offenbar werdende «Kultur der Brutalität und des Vergessens», so die englische Historikerin Catherine Merridale, «kam ganz Osteuropa teuer zu stehen, und keiner zahlte mehr als die Sowjetbürger selbst».

3. Auf nach Stalingrad – Die Stadt als Symbol

Innerhalb der vor allem von Generalstabschef Halder verantworteten operativen Planungen spielte Stalingrad als industrielles Handels- und Nachschubzentrum zwar eine bedeutsame Rolle. Strategisch aber sollte die Einnahme oder doch der Plan, die Stadt «zumindest so unter die Wirkung unserer schweren Waffen zu bringen, dass es als weiteres Rüstungs- und Verkehrszentrum ausfällt», nur die Vorstufe für die angestrebte Eroberung des Kaukasus sein. Die dabei zugrunde liegende, auf den Kaukasus konzentrierte Zielsetzung der Operation «Blau» wurde jedoch im Juli 1942 auf Hitlers Drängen und gegen den Willen des Generalstabs aufgeweicht. Die ursprünglich in drei aufeinander folgenden Phasen geplante Umsetzung der «Weisung Nr. 41» sollte nun in einem Schritt und unter Aufteilung der Heeresgruppe Süd in die Heeresgruppen A und B vorgenommen werden – ein Vorgehen, das seit den großen Verlusten des Jahres 1941 von der Wehrmacht weder personell noch materiell zu leisten war. Das zeigte sich zu diesem Zeitpunkt schon daran, dass als Reserven der Heeresgruppen nur einige Infanteriedivisionen sowie noch im Anmarsch befindliche Truppen der ungarischen und rumänischen Verbündeten eingeplant werden konnten.

Aber der «Führer» sah sich in seinem grundsätzlichen Optimismus den Erfolg des Sommerfeldzuges betreffend bestätigt, nachdem die Wehrmacht in kürzester Zeit große Raumgewinne zu verzeichnen hatte, fast im Gleichschritt mit den offensiven Vorstößen des Afrikakorps unter Rommel. Noch unmittelbar vor Beginn der Operation «Blau» war am 21. Juni 1942 Tobruk erobert und über 30 000 britische und südafrikanische Soldaten waren gefangen genommen worden. Die britische 8. Armee in Nordafrika existierte praktisch nicht mehr. Der Sieg und damit die Aussicht, bis nach Ägypten durchzustoßen, eröffneten kurzzeitig ganz neue, freilich schon seit Beginn des Krieges virulente Perspektiven. In der Wahnwelt Hitlers und mancher Generäle schien nun denkbar, was eine Art globale Kesselschlacht darstellte: die Einkreisung und Vernichtung der britischen Armeen im Nahen Osten durch Rommel und der Durchbruch der auf den Kaukasus und darüber hinaus marschierenden Heeresgruppe Süd. Ganz Kleinasien, der Iran, der Irak und Palästina fanden sich auf diesem Plan der Maßlosigkeit, an dessen Ende die restlose Kappung des britischen Ölnachschubs stand.

Das eigentliche und nächstliegende Ziel, die Nutzung des kaspischen Erdöls sowie die Zerstörung Stalingrads und damit die Unterbrechung des Nachschubverkehrs auf der Wolga, schien vor diesem Hintergrund auf einen Schlag gelingen zu können. Diesen kriegsökonomischen und zeitlichen Gewinn wollte Hitler gegen die befürchtete Eröffnung einer zweiten Front durch die Westalliierten in die Waagschale werfen. Das Gegenargument Halders, die Raumgewinne hätten keine Entsprechung in der «Vernichtung» großer Verbände der Roten Armee gefunden und es sei daher verfehlt, die ohnehin schon schwache Offensivkraft der Wehrmacht aufzuspalten, verfing nicht.

Die Unterschätzung der Roten Armee hatte, wie Halder in seinem Tagebuch am 23. Juli 1942 vermerkte, «allmählich groteske Formen» angenommen und «wird gefährlich. Es wird immer unerträglicher. Von ernster Arbeit kann nicht mehr die Rede sein. Krankhaftes Reagieren auf Augenblickseindrücke und völliger Mangel in der Beurteilung des Führungsapparates (...).» Seine Warnungen vor der gewiss kommenden «Krisis» verhallten zwar nicht ungehört, blieben aber folgenlos. Am 24. September 1942 entließ Hitler Generalstabschef Halder und ersetzte ihn, unter Beförderung zum General der Infanterie, durch den bisherigen Chef der Heeresgruppe West und dem Nationalsozialismus nahestehenden Generalmajor Zeitzler. Kurz darauf übernahm Hitler selbst den Oberbefehl über die Heeresgruppe A, nachdem ihr Vormarsch im Kaukasus stockte und Hitler wähnte, seine Befehle würden nicht ausgeführt bzw. bewusst falsch verstanden. In der Person des «Führers» vereinten sich nun kurzzeitig die Funktionen des Oberbefehlshabers sämtlicher Teilstreitkräfte, des Oberbefehlshabers des Heeres und einer Heeresgruppe. Selbst sein engster militärischer Berater, der Chef des Wehrmachtführungsstabs, Generaloberst Alfred Jodl, sollte in dieser «Septemberkrise» sein Amt verlieren und durch den kommandierenden General der 6. Armee, General Paulus, ersetzt werden. Angesichts der schnell dramatisch werdenden Lage in der Stadt an der Wolga wurde schließlich davon abgesehen.

Die Einnahme Stalingrads durch die 6. Armee (Operation «Fischreiher») – die teils grotesken Tarnnamen deutscher Operationen können hier nur konstatiert, aber nicht näher erläutert werden –, die nun zur Heeresgruppe B gehörte, hatte Hitler bereits am 23. Juli und unter Abänderung noch einmal am 30. Juli 1943 in der Weisung Nr. 45 befohlen. Diese Abänderung betraf die aus zwei rumänischen und einem deutschen Armeekorps zusammengesetzte 4. Panzerarmee der Heeresgruppe A. Sie wurde der für den Angriff verantwortlichen Heeresgruppe B unterstellt, da «das Schicksal des Kaukasus bei Stalingrad entschieden» werde, wie es Jodl formulierte. Dennoch waren die Kräfte der Heeresgruppe B und damit auch die der 6. Armee bei weitem nicht ausreichend für das operative Ziel, das ihr von Hitler gestellt worden war. Erwartet wurden die Eroberung Stalingrads binnen acht Tagen und der unmittelbar darauf zu erfolgende Vormarsch entlang der Wolga bis zum Kaspischen Meer.

Innerhalb der auf Stalingrad vorrückenden Heeresgruppe B – in deren Zentrum die 6. Armee agierte – kämpften die völlig unzureichend ausgerüsteten und ausgebildeten ungarischen, italienischen und rumänischen Bündnistruppen – weshalb diese Heeresgruppe auch vom Kommandeur der 4. Luftflotte, Generaloberst von Richthofen, ironisch-verächtlich «Völkerbundsheeresgruppe» genannt wurde. Der Einsatz der Bündnistruppen war von Hitler bereits im Dezember 1941 angemahnt worden. Im Rahmen der Vorbereitung auf die Sommeroffensive des darauffolgenden Jahres war der deutschen militärischen Führung schnell klar geworden, dass die eklatanten Verluste der Wehrmacht nicht aus eigener Kraft ausgeglichen werden konnten. Während Mussolini, der schon seit Beginn des Überfalls ein italienisches «Expeditionskorps» in der Wehrmacht kämpfen ließ, den deutschen Wünschen schnell entgegenkam – nicht zuletzt als Ausgleich für das deutsche, bislang auch erfolgreiche Engagement in Nordafrika –, entwickelten sich die Verhandlungen mit den Ungarn, die bis dahin «nur» Besatzungstruppen gestellt hatten, und mit Rumänien, dem wichtigsten Verbündeten, etwas komplizierter. Dennoch erhöhten beide ihre Truppenkontingente für den Sommerfeldzug des Jahres 1942.

Die Aufgabe der Bündnistruppen bestand vor allem in der Flankensicherung des bald 1000 Kilometer breiten Frontabschnitts, der insbesondere zur benachbarten Heeresgruppe A eine Lücke von fast 200 Kilometern aufwies. Mit dem Einsatz der ungarischen 2. Armee, der italienischen 8. Armee und der rumänischen 3. Armee konnten deutsche Einheiten freigesetzt werden, die sofort der auf Stalingrad vorrückenden 6. Armee zugeteilt wurden. Die geballte Feuerkraft von 25 Divisionen, darunter allein drei Panzerdivisionen, sowie die gesamte 4. Luftflotte bedrohten nun das Industriezentrum und die Wolga als wichtige Verkehrsader.

Die «völlige Inbesitznahme» Stalingrads, die Hitler am 6. Oktober 1942 befahl, war längst zu mehr als nur zu einem militärischen Ziel geworden. Denn es schien eigentlich schon erreicht und die mittlerweile durch Luftangriffe fast völlig zerstörte Stadt konnte kaum schnell wieder aufgebaut werden; damit blieben die ansässigen Rüstungsbetriebe für längere Zeit stillgelegt und auch die für den sowjetischen Nachschub an Öl und Lebensmitteln in Richtung der nördlichen Industriezentren so wichtige Wolga war von der Luftwaffe in Höhe Stalingrad vermint worden. Sicherlich ist es übertrieben, den Entschluss zur Eroberung der Stadt mit einer schon zu diesem Zeitpunkt unzureichend verpflegten und nicht mehr ihre alte Kampfstärke besitzenden Truppe Hitler allein zuzuschreiben. Ein Ereignis wie «Stalingrad» kann schlechterdings seine Ursache nicht in dem Willen eines einzigen Menschen haben. Die kommende Einkreisung und Vernichtung der Armee als «organisatorischer Aufbau eines Unglücks», wie es Alexander Kluge charakterisierte, verdankte sich ebenso der Widerspruchs- und Tatenlosigkeit verantwortlicher Generäle wie der auf der untersten Ebene der Frontoffiziere, Unteroffiziere und Mannschaften anzutreffenden Bereitwilligkeit, in den Kampf zu gehen und selbst noch in der Phase völliger Aussichtslosigkeit darauf zu bauen, dass sie «der Führer raushaut».

Dennoch bleibt ein Rest von Unerklärlichkeit für den spätestens im Oktober 1942 durch kein militärisches Kalkül mehr zu rechtfertigenden Entschluss, Stalingrad einzunehmen und zu halten. Die Eroberung der Stadt gewann freilich nicht zuletzt deshalb an Bedeutung, weil sich zu diesem Zeitpunkt die Heeresgruppe A im Kaukasus angesichts der eigenen Schwäche und des zähen Widerstands der Roten Armee nicht mehr weiter bewegte und auch von anderen Abschnitten Berichte über nicht erreichbare Operationsziele das Führerhauptquartier erreichten. So sollten Truppen der Heeresgruppe Mitte im August einen Angriff gegen die sowjetischen Verbände westlich von Moskau durchführen, um von diesem Gebiet aus eine strategisch günstigere Ausgangsposition für einen neuerlichen Angriff auf die Hauptstadt zu erlangen. Die Aktion wurde ebenso wie der Versuch der Heeresgruppe Nord, endlich Leningrad einzunehmen, durch Gegenangriffe der Roten Armee zunichte gemacht. Vor diesem Hintergrund gewann «Stalingrad» an Symbolwert. Hitler versuchte ihm gerecht zu werden, indem er sich selbst und damit seinen Mythos als «größter Feldherr aller Zeiten» unter neuerlichen Erfolgsdruck setzte; bereits am 30. September 1942 erklärte er im Berliner Sportpalast, die Wehrmacht werde «Stalingrad berennen und es auch nehmen» und «kein Mensch» werde sie hier «mehr wegbringen».

Die Bedeutung Stalingrads als Inbegriff eines angestrebten deutschen Sieges nahm noch zu, nachdem am 2. November 1942 Montgomerys Truppen die Verteidigungsstellungen von Rommels Verbänden durchbrochen und fünf Tage später durch die alliierte Landung in Nordafrika zum ersten Mal US-amerikanische Truppen den europäischen Kriegsschauplatz betreten hatten. Der deutsche totale Krieg war an seine Grenzen gestoßen. Hitler hielt, wie meist in bedrohlicher Lage, mit historisch legitimierter Willensstärke dagegen. «Es wäre nicht das erste Mal in der Geschichte, dass der stärkere Wille über die stärkeren Bataillone des Feindes triumphierte. Ihrer Truppe aber können Sie keinen anderen Weg zeigen als den zum Siege oder zum Tod», telegrafierte er an Rommel, um ihn zum «Durchhalten» zu motivieren. Kurz zuvor hatte der frisch ernannte Generalfeldmarschall den Rückzug seiner Truppen angeordnet, das Telegramm kam zu spät. Seine Botschaft sollte erst in Stalingrad Gehör finden.

Eine Million Menschen hielten sich mittlerweile in der Stadt auf: Die Stalingrader, verdeutscht Stalinstädter, lebten dort seit 1925; zuvor, der früheren Stadtgeschichte gemäß der Zarin gehörig, hieß Stalingrad Zarizyn, ab 1961 schließlich Wolgograd. Über 60 Kilometer hinweg zog sich die Stadt am Fluss entlang. Ihr nördlicher Teil wurde beherrscht von drei wichtigen, propagandistisch vielfach gepriesenen Beispielen für den Erfolg des Industrialisierungsprogramms der dreißiger Jahre: einem riesigen Traktorenwerk, das nach dem Begründer der «Tscheka», der Ursprungsorganisation für den NKWD, «Felix Dserschinski» hieß, einer Geschützfabrik («Rote Barrikade») und dem Metallbetrieb «Roter Oktober». Mit ihnen neu entstanden waren mehr oder weniger triste Wohnblocks und Parteigebäude, aber auch Parks und Schulen. Über die drei bis vier Kilometer breite Wolga wurde auf kleinen Fähren und Booten der Nachschub für die hier kämpfende, mittlerweile völlig auf das Stadtgebiet zurückgedrängte 62. und 64. Armee gebracht.

Die Rüstungsbetriebe der Stadt arbeiteten auf Hochtouren. Granaten wurden gedreht, die gefürchteten T 34-Panzer zusammengeschweißt. Die Produktion lief, trotz unablässiger Luftangriffe. Die Verluste unter der Zivilbevölkerung und die Bomben-Schäden waren enorm. Allein am 23. August 1942 flog die 4. Luftflotte unter General der Flieger Wolfram von Richthofen 1600 Einsätze und warf 1000 Tonnen Bomben auf Stalingrad ab. Sowjetische Frontkommandeure sowie der für Stalingrad verantwortliche Politische Kommissar Nikita Chruschtschow schlugen daraufhin Stalin vor, die Einwohner ebenso wie die wichtigen Industriebetriebe zu evakuieren und die nicht mehr zu rettenden Fabriken unbegehbar zu machen, d. h. sie zu verminen. Stalins Antwort war so eindeutig wie einseitig, denn das Schicksal der Zivilbevölkerung schien ihn nicht zu interessieren: «Ich lehne jede Erörterung dieser Frage ab. Es sollte bekannt sein, dass, wenn die Evakuierung der Industrie und die Verminung der Fabriken erst einmal beginnt, dies als ein Beschluss, Stalingrad aufzugeben, gewertet werden wird. Aus diesem Grund untersagt das staatliche Verteidigungskomitee alle Vorkehrungen für die Sprengung der Industrie oder für ihre Verlagerung.»

Immerhin gelang es dann doch, Stalin zu überzeugen und die meisten Stalingrader über die Wolga in Sicherheit zu bringen. Dies geschah freilich in mehreren schlecht organisierten und durch den deutschen Vorstoß in die Stadt zusätzlich erschwerten Aktionen zwischen dem 24. August und 10. September 1942. Es wird angenommen, dass es fast 300 000 Stalingradern gelang, über die Wolga in die relative Sicherheit des jenseitigen Ufers zu kommen, immer kontrolliert und zumeist auch erst kurz vor der Evakuierung benachrichtigt durch die allgegenwärtigen NKWD-Trupps. Viele der Fähren, Prähme und Boote, mit denen die Übersetzung erfolgte, wurden von deutschen Bomben und Artilleriegeschossen getroffen und mitsamt ihren Passagieren versenkt. Von den etwa 150 000 zurückbleibenden Zivilisten sollten die meisten sterben, wenn nicht im Bombenhagel oder während der bald einsetzenden Häuser- und Straßenkämpfe, dann auf den von der Wehrmacht organisierten Deportationsmärschen. Es bleibt bei all dem ein Rätsel, wie mehr als 10 000 Bürger der Stadt, unter ihnen nahezu 1000 Kinder, das kommende Inferno überleben konnten, fast verhungert und psychisch traumatisiert.

Stalins harte Haltung hatte einen Hintergrund. Schon 1918 – während des Bürgerkriegs – wirkte er in der Stadt als politischer Kommissar, versehen mit einem Sonderauftrag Lenins. Im Juni traf er in Zarizyn ein. Dort sollte er den Getreideumschlag und Transport nach Moskau und Petrograd wieder in Gang bringen und die Stadt gegen die «Weißen» sichern. Stalin scheint seine Aufgabe gelöst zu haben. Im Oktober 1918 wurde Zarizyn jedoch erneut von den «Weißen Garden» eingeschlossen. Stalin war eher zufällig wieder in der Stadt. Kurz darauf konnte der Einkreisungsring gesprengt werden. Bis heute bleibt ungeklärt, wie dies gelang, aber es spricht viel dafür, dass das Eingreifen der roten Südarmee von außen die «Weißen» zum Rückzug zwang. Stalin aber vermochte in der Folgezeit den Sieg ganz für sich zu reklamieren. Der Sieg von Zarizyn wurde zu einem ersten, wichtigen Mosaikstein in der Legende des genialen militärischen und politischen Führers. Als er 1926 die Macht dazu hatte, zementierte Stalin diesen Anspruch unter anderem auch durch die Umbenennung der Stadt an der Wolga. Einer seiner Biographen vermutet hinter dem späteren starken Engagement Stalins im Kampf um «seine Stadt» mehr als nur strategische Erwägungen: «Es mag ihn etwas getrieben haben, was man als Zarizyn-Komplex bezeichnen könnte. Er verteidigte hier vor der Geschichte seine erste Legende.»

Wie auch immer: Die sowjetische Kriegspropaganda stilisierte, noch bevor die deutschen Truppen in die Stadt eingedrungen waren, Stalingrad zum angestrebten mentalen und militärischen Wendepunkt des Krieges – gewiss mit Stalins Billigung und womöglich sogar auf sein Geheiß hin. In direkter Gleichsetzung der Stadt und ihres, angeblich von Stalin bestimmten Schicksals im Bürgerkrieg mit ihrer augenblicklichen Bedrohung durch die «Aggressoren» wurde in unzähligen Artikeln, Aufrufen, Befehlen und gar in einem schnell hergestellten Dokumentarfilm immer wieder die eine Botschaft vermittelt: Ähnlich wie die Schlacht um Zarizyn seinerzeit den Bürgerkrieg im Süden entschieden habe – wie es in platter Überhöhung der damaligen Ereignisse hieß –, werde die bedingungslose Verteidigung Stalingrads auch über den Ausgang dieses Krieges und damit über Wohl und Wehe ganz Russlands entscheiden.

In solche Instrumentalisierungen der jüngsten Geschichte ließ sich überdies auch der hohe Symbolwert des Stromes Wolga problemlos einbauen. Seine geographische Lage im «Herzen Russlands» wie seine daraus resultierende zentrale Rolle in der nationalen Mythologie, manifest in zahlreichen Liedern und Gedichten, war seit jeher bedeutender Bestandteil des patriotischen Gefühlsreservoirs. In diesem Kontext war es nur ein kurzer Schritt zu der Formel, dass sich am «Mütterchen Wolga» das Schicksal von «Mütterchen Russland» entscheiden werde. Wie Ilja Ehrenburg schrieb: «Die Wolga – das ist der Reichtum, der Ruhm und der Stolz Russlands. (...) Bei Stalingrad verteidigen wir unsere Mutter, Russland.»

Wem indessen solche Appelle nicht den gewünschten Kampfesmut einflößten, wer womöglich dazu tendierte oder gar ankündigte, sich selbst zu verstümmeln oder überzulaufen, oder durch andere «antisowjetische Aktivitäten» auffiel, zu denen etwa auch gehörte, eine Desertion während des Gefechts nicht verhindert zu haben, der hatte in Stalingrad, wie es der Befehl Nr. 227 androhte, sein Leben als «Verräter» und «Feigling» verwirkt. Und als solcher konnte man von fanatischen «Kameraden» oder durch die auch in Stalingrad allgegenwärtigen NKWD-Trupps schon identifiziert werden, wenn man sich aus einem der deutschen Flugblätter, die in der ersten Phase des Kampfes über der Stadt abgeworfen worden waren, eine Zigarette gedreht hatte. Die erfolgreiche Desertion eines Oberleutnants zu den deutschen Linien wirft ein grelles Schlaglicht auf die absurde Gemengelage, in der sich die sowjetischen Soldaten aufgrund des im Befehl Nr. 227 erzwungenen Patriotismus wiederfanden. Der Mann war noch vor Stalingrad in deutsche Gefangenschaft geraten, aus der ihm unmittelbar darauf die Flucht gelang. Er wurde allerdings nach seiner Rückkehr zu den eigenen Linien sofort verhaftet und, angeklagt als «Fahnenflüchtiger», einem Strafbataillon in Stalingrad überstellt. Hier gelang ihm der Übertritt zu den Deutschen, sein weiteres Schicksal ist ungewiss.

Hitler wurde unterdessen seinem Ruf als menschenverachtender Diktator neuerlich gerecht. Und wieder zeigte sich, in welchem Ausmaß auf deutscher Seite die rein militärisch motivierte Kriegführung, die rücksichtslose Ausbeutung des Landes und der dafür ausgeübte Terror aufs Engste zusammenhingen und einander durchdrangen. Ende August 1942 befahl der «Führer», «die gesamte männliche Bevölkerung» Stalingrads müsse «beseitigt werden», da die Stadt mit ihrer «eine Million zählenden, durchweg kommunistischen Einwohnerschaft besonders gefährlich» sei. Die Frauen und Kinder sollten deportiert, die Stadt völlig dem Erdboden gleich gemacht werden. Das hieß: An Stalingrad sollte exekutiert werden, was in Moskau nicht gelungen war.

Dieser Befehl wurde vom Generalquartiermeister des Heeres, General der Artillerie Eduard Wagner, abgeändert und im Grunde genommen noch verschärft. Danach sollten die männlichen Bewohner nicht sofort «beseitigt», sondern gemeinsam mit Frauen und Kindern deportiert werden. Mit anderen Worten: Vor ihrer Ermordung sollte zumindest noch die Arbeitskraft der Männer ausgenutzt werden. «Man rechne», wie der Wirtschaftsstab Ost über diesen neuen Befehl des Generalquartiermeisters in Erfahrung brachte, «mit einer Zahl von 7–800 000 Menschen, von denen zunächst der Bedarf der OT (Organisation Todt, B. U.), Eisenbahn und kriegswichtiger Dienststellen befriedigt werden soll. (...) Der Rest soll nach Entscheidung des GenQu (Generalquartiermeisters des Heeres, B. U.) in die Steppe geleitet werden.»

Und das hieß gemeinhin: erfrieren, verhungern, krepieren. Tatsächlich führte ein dem Oberquartiermeister der 6. Armee unterstehender «Sonderstab Major Schütte» die angeordneten Deportationen auch befehlsgemäß durch. Zivilisten, die sich aus den Ruinen der Stadt zu den Sammelstellen begaben, mussten sich unter Bewachung und ohne Verpflegung bei bis zu minus 10°C auf einen 100 Kilometer langen Fußmarsch zur Eisenbahnstation Kalatsch aufmachen. Von dort ging es zur «Rampe des Lagers in Forschstadt (Belaja Kaltiva) am Don», wo sie für den «Arbeitseinsatz» selektiert wurden. Allein bis zum 4. November 1942 sind hier knapp 20 000 Stalingrader «durchgeschleust» worden. Ein Unteroffizier der 6. Armee schrieb am 6. November 1942 nach Hause: «Hab heute wieder viel Flüchtlinge gesehen, die von Stalingrad kommen. Ein Elend, nicht zu beschreiben. Kinder, Frauen, alte Männer in dem Alter von Opa liegen hier auf der Straße, nur notdürftig bekleidet und der Kälte preisgegeben. So was Erschütterndes, obwohl es unsere Feinde sind, es tut einem doch leid. Deshalb können wir unserem Führer und Herrgott nicht genug danken, daß unsere Heimat von dem grausigen Elend verschont geblieben ist. Ich habe schon viel Elend gesehen in diesem Krieg, aber Russland übertrifft alles. Vor allem Stalingrad. Ihr werdet dieses nicht so verstehen wie ich, so etwas muss man gesehen haben.»

Unter der Leitung Major Schüttes wurden die Deportationen so irrsinnig wie brutal bis zum 18. November 1942 weiter organisiert und durchgeführt. Am 19. November mussten sie eingestellt werden, weil die sowjetischen Streitkräfte am Südabschnitt der Front um 8 Uhr 50, nach einem über einstündigen Trommelfeuer, ihre Einkreisungsoperation begannen. Drei sowjetische Heeresgruppen, die es nach Hitlers Auffassung gar nicht mehr geben durfte, exekutierten nun mit rund 260 000 Soldaten, über 1000 Panzern, circa 17 000 Geschützen aller Kaliber und über 1000 Flugzeugen an der 6. Armee, was zuvor nur den eigenen Streitkräften widerfahren war: die Einkreisung und Einkesselung einer ganzen Armee.

4. Der Vormarsch der 6. Armee

Die Chronologie der Ereignisse schien zunächst auf einen anderen Verlauf der Schlacht hinzudeuten. Wie überhaupt die kurze Geschichte der 6. Armee, von Beginn des Überfalls an der Heeresgruppe Süd zugeordnet, militärisch gesehen eine des Erfolges war – und in diesen Erfolgen eng verquickt blieb mit der Verbrechensgeschichte des deutschen Vernichtungskriegs. Ein kurzer Blick zurück mag dies verdeutlichen.

Aus dem Befehlsstand der 6. Armee kam am 10. Oktober 1941, verfasst vom damaligen Befehlshaber Walther von Reichenau, ein Armeebefehl «Betr.: Verhalten der Truppe im Ostraum», verteilt bis auf die Ebene der Kompanien, dessen Diktion und Inhalt schon zum Zeitpunkt seines Erscheinens Aufsehen erregte. Der Befehl gipfelte in den Worten: «Fern von allen politischen Erwägungen der Zukunft hat der Soldat zweierlei zu erfüllen: 1. die völlige Vernichtung der bolschewistischen Irrlehre, des Sowjetstaates und seiner Wehrmacht, 2. die erbarmungslose Ausrottung artfremder Heimtücke und Grausamkeit und damit die Sicherung des Lebens der deutschen

Wehrmacht in Russland. Nur so werden wir unserer geschichtlichen Aufgabe gerecht, das deutsche Volk von der asiatisch-jüdischen Gefahr ein für allemal zu befreien.»

Mit «artfremder Heimtücke und Grausamkeit» waren zu diesem Zeitpunkt insbesondere die Partisanen gemeint, in denen sich nicht allein in den Augen von Reichenaus «der Jude» personifizierte. Die überlieferten Meldungen und Berichte erzählen von vielen, zunächst oftmals eigenmächtig auf Kompanieebene vorgenommen, fast immer im Nachhinein salvierten Erschießungen von «Partisanen». Freilich erweiterte man dabei schon bald nach Beginn des Überfalls den Kreis der als Opfer bestimmten Menschen. So war etwa vom Armeeoberkommando der 6. Armee bereits am 10. Juli 1941 für den Fall der Einnahme einer Ortschaft oder eines Dorfes festgelegt worden: «Soldaten in Zivil, meist schon erkenntlich an kurz geschnittenem Haar, sind nach Feststellung, dass sie rote Soldaten sind, zu erschießen. (Ausnahme Überläufer!) b) Zivilisten, welche in Haltung oder Handlung sich feindlich einstellen, insbesondere die Rote Armee unterstützen (...) sind als Freischärler zu erschießen. c) Unsichere Elemente, z. B. sowjetische Zivilfunktionäre in Ortschaften, sind alsbald durch die Truppe mit Hilfe ukrainischer Komitees (...) festzusetzen» bzw. den «SD-Einsatzkommandos» auszuliefern. Kurz darauf sanktionierte eine weitere Führungsanordnung der 6. Armee, dass etwaige Sabotageakte – darunter fiel z. B. schon die Entwendung von Lebensmitteln durch hungernde Zivilisten – mit dem wahllosen Erschießen von «ortsansässigen Juden oder Russen» sowie dem Abbrennen ihrer Häuser geahndet werden sollten. So war denn auch der Vormarsch der 6. Armee gesäumt von toten Zivilisten jeden Alters und von brennenden Dörfern.

Ebenfalls im direkten Einflussbereich der 6. Armee spielte sich Ende September 1941 das größte Einzelmassaker an Juden während des Sommerfeldzugs ab. Nach der Eroberung Kiews, an der die 6. Armee maßgeblich beteiligt war, wurde beschlossen, die in der Stadt lebenden Juden zu ermorden. Damit wollte man – entsprechend der Rassendoktrin – die angeblich von ihnen ausgehende politische Gefahr für die deutsche Besatzung bannen und zugleich, angesichts der angespannten Ernährungslage in der Stadt, «unerwünschte Esser» loswerden. Offiziell indessen war von «Evakuierungen» oder «Umsiedlung» die Rede. Diese Begriffe prägten auch die für den 27. September anberaumte, vorbereitende Sitzung in der wehrmachtlichen Stadtkommandantur, an der neben den SD-, SS- und Polizei-Angehörigen, die für die Realisierung des Mordplans zuständig waren, auch Generalstabs- und Pionieroffiziere der 6. Armee teilnahmen.

Jeder der Beteiligten – und letztlich auch von Reichenau, auf dessen Befehl die Offiziere seiner Armee teilnahmen – wusste, um was es eigentlich ging und was sich endlich ab dem 29. September in der vor der Stadt Kiew gelegenen Schlucht Babi Jar über zwei Tage hinweg vollzog: die Erschießung von über 33 000 jüdischen Männern, Frauen und Kindern, exekutiert vom SS-Sonderkommando 4a, mit dem der Stab der 6. Armee seit Juli 1941 – und bis zum Erreichen der Stalingrader Peripherie ein knappes Jahr später – auf das Engste zusammenarbeitete. Pioniere der 6. Armee brachten abschließend auf den Schluchträndern Sprengladungen zur Explosion, um den Ort des Massenmords zum Massengrab zu machen.

All diese Geschehnisse belegen die tiefe Verstrickung der 6. Armee und ihrer Soldaten und Offiziere – wie die anderer deutscher Armeen auch – in die Verbrechen auf sowjetischem Boden. Es wäre indessen im Falle der 6. Armee verfehlt, daraus eine Art Kollektivschuld zu destillieren, die in und durch «Stalingrad» gleichsam gesühnt worden sei. Nicht nur, dass bedingt durch die rapide ansteigenden Verluste seit dem Spätsommer 1941 und die daraus resultierende hohe Fluktuation in den Stäben und vor allem in den Kampfeinheiten die Stalingrader 6. Armee personell eine andere war als die des Jahres 1941 und der ersten Monate des Folgejahres. Es gibt auch Fälle von Zivilcourage zu berichten, von Befehlsverweigerungen und von dem Mut, das Entsetzliche zu verhindern oder doch in seiner Realisierung zu verlangsamen.

Als etwa am 20. August 1941 einige Landser zwei Kriegspfarrern mitteilten, nahe ihrer Unterkunft in der Ortschaft Bjelaja Zerkow, würden Kinder und Säuglinge in einer Art Schule unverpflegt vor sich hin vegetieren, überprüften die Pfarrer diese

Berichte. Ihre Meldung landete schließlich bei Oberstleutnant Helmut Groscurth, einem Staboffizier in der 295. Infanteriedivision, die als Teil der 6. Armee in Bjelaja Zerkow zu diesem Zeitpunkt ihr Lager aufgeschlagen hatte. Groscurths Nachforschungen ergaben, dass es sich noch um 90 Kinder handelte, die anderen waren schon tags zuvor per LKW abtransportiert worden. Ein SS-Offizier bestätigte Groscurths Verdacht, dass die Eltern der Kinder bereits ermordet worden waren und sie selbst ebenfalls «beseitigt» werden sollten. In seinem Bemühen, diesen Mord an den Kindern – trotz der Warnungen der «zuständigen» SS-Einheit, seine «Einmischung» werde dem Reichsführer SS Himmler gemeldet – zu verhindern, wurde Groscurth von Instanz zu Instanz verwiesen und geriet schließlich an den Abwehroffizier im Generalstab der 6. Armee, Hauptmann Luley.

Da eine Entscheidung nur durch von Reichenau selbst gefällt werden konnte, dieser aber bis zum Abend unterwegs war, wurden die schon auf Lastwagen verbrachten Kinder im Alter bis zu sieben Jahren sowie einige Säuglinge zunächst wieder im Schulgebäude untergebracht und notdürftig mit Wasser und Brot versorgt. Reichenau entschied schließlich nach seiner Rückkehr, dass die Mordaktion, deren vorläufiger Aufschub sich ihrer wenig «zweckmäßigen» Durchführung verdankte – womit mutmaßlich tadelnd gemeint war, dass Wehrmachtssoldaten überhaupt von der Aktion erfahren konnten –, am folgenden Tag «in zweckmäßiger Weise durchzuführen sei». So geschah es. «Diese Brut müsse ausgerottet werden», heißt es in einer von Groscurth mitgeteilten Bemerkung des Wehrmachtsfeldkommandanten von Bjelaja Zerkow.

Nach dem überraschenden Tod von Reichenaus durch Herzversagen übernahm Ende Januar 1942 der General der Panzertruppe Friedrich Wilhelm Paulus das Oberkommando der 6. Armee: jeder Zoll seiner immer «gepflegt und elegant» gekleidet auftretenden Erscheinung ein Stabsoffizier wilhelminischen Zuschnitts, «mit schmalen Händen, der weiße Streifen des Kragens, die tadellosen Stiefel», wie ihn ein Offizierskamerad beschrieb. Ursprünglich hatte sich der neunzehnjährige Paulus nach dem

Abitur 1909 bei der kaiserlichen Marine für die Offizierslaufbahn beworben, wo sich ihm aufgrund seiner bürgerlichen Herkunft aus einer Beamtenfamilie eher Karrierechancen als in der immer noch stark durch den Adel geprägten Armee zu bieten schienen. Doch die Marine lehnte ihn ohne weitere Angabe von Gründen ab. Die Heeresvermehrung des Jahres 1910 eröffnete Paulus dann die Möglichkeit, als Fahnenjunker in ein Rastatter Infanterieregiment einzutreten. Bei Ende des Ersten Weltkriegs war er als Oberleutnant im Generalstab einer Reservedivision tätig. Die Jahre der Weimarer Republik und der Reichswehr boten kaum Karriere- und Aufstiegschancen in der militärischen Hierarchie. Erst die «Machtübernahme» der Nationalsozialisten, die bald einsetzende Aufrüstung und schließlich der Krieg selbst sorgten für rasch aufeinander folgende Beförderungen. Schon Anfang Oktober 1935 stieg Paulus zum Oberst auf.

Der «pfundige Sprung» zum Oberbefehlshaber einer ganzen Armee, wie es in einem Gratulationsbrief hieß, gelang ihm vor allem aufgrund seiner sehr guten Arbeit als Stabschef der 6. Armee unter von Reichenau, unter dem er schon während des Krieges gegen Frankreich gedient hatte. Auch Halder zeigte sich beeindruckt von Paulus' Fähigkeiten und berief ihn kurzfristig im Rahmen der Vorbereitungen für den Überfall auf die Sowjetunion als Planungschef in den Generalstab. Unmittelbar nach Beginn des Krieges wurde er jedoch von Reichenau wiederum für den Stab der 6. Armee reklamiert.

Paulus' Führungsstil wurde von seinen Offizierskameraden als eher bedächtig und vorsichtig charakterisiert; er wirkte «mehr als ein Wissenschaftler denn als ein General» und war völlig unerfahren in der praktischen Führung eines Großverbandes. Bereits in einer dienstlichen Beurteilung aus den zwanziger Jahren wurde er als ein «langsamer, sorgfältiger Arbeiter am Schreibtisch» eingeschätzt, «mit einer Leidenschaft für Kriegs- und Planspiele am Kartentisch oder Sandkasten». Das alles änderte zwar grundsätzlich nichts daran, dass auch unter Paulus die Ausplünderung der Land- und Stadtbevölkerung für die Eigenversorgung der Armee, das Abbrennen von Dörfern, die zumeist als «Sühnemaßnahmen» verbrämten Erschießungen von

Zivilisten und die enge Zusammenarbeit mit den SS- und SD-Einsatzgruppen weitergingen – und zwar bis nach Stalingrad hinein. Aber immerhin ist von Paulus kein Armeebefehl bekannt, in dem er ähnlich wie sein Mentor von Reichenau über den angeblichen «Sinn» des Ostkrieges räsoniert und damit seine direkte Verantwortung für den Genozid dokumentiert. Zu den ersten Amtshandlungen von Paulus unmittelbar nach der Übernahme des Oberbefehls über die 6. Armee gehörte die Aufhebung des berüchtigten Armeebefehls vom 10. Oktober 1941, in dem sein Vorgänger von Reichenau mit der Ankündigung der «Sühne am jüdischen Untermenschentum» unverblümt zum Massenmord ermuntert hatte.

Im Kern war natürlich auch Paulus, genau wie sein militärischer Ziehvater von Reichenau, der Ansicht, das Unternehmen «Barbarossa» im Allgemeinen wie der folgende Sommerfeldzug im Besonderen diene in erster Linie der Verhinderung einer drohenden Invasion «asiatisch-jüdischer Bolschewisten», die angetreten seien, ganz Europa und mit ihm seine Kultur zu vernichten. In dieser Wahrnehmung, in deren Fokussierung auf den Krieg jedes erdenkliche Mittel recht war, um den Ansturm «barbarischer Horden» aufzuhalten, verlagerte sich alle Schuld und Verantwortung für begangene Verbrechen auf die Schultern der Opfer selbst. Unter der Dunsthaube dieser Logik blieben viele Generäle und große Teile ihrer Truppen taub für Gegenargumente und unfähig zum widerständigen Verhalten.

Selbst nach der Katastrophe und angesichts des drohenden eigenen Untergangs blieb zur Entschuldung immer noch der Rückzug auf die soldatische Gehorsamspflicht. Sie war schließlich auch in Stalingrad von zentraler Bedeutung; das sollte nach dem Krieg schon im Titel jener Rechtfertigungsschrift sinnfällig werden, die der Publizist Walter Görlitz 1960, drei Jahre nach dem Tod von Paulus, herausgab: «Ich stehe hier auf Befehl». Der Titel zitiert einen Satz aus einem der letzten Briefe von General Paulus aus dem Stalingrader Kessel. Eingeleitet von seinem Sohn Ernst Alexander Paulus, versammelt der Band neben den von Görlitz zusammengestellten Dokumenten auch eine Auswahl aus dem Nachlass von Paulus, darunter neben Briefen

4. Der Vormarsch der 6. Armee

vor allem seine nachträglich verfassten «Grundsätzlichen Feststellungen zur Operation der 6. Armee bei Stalingrad», in denen er in der Summe das Hohelied des «Nur-Soldaten» vorträgt. «Entbindet die Aussicht auf den eigenen Tod», so schreibt er in einer entscheidenden Schlusspassage, «oder den wahrscheinlichen Untergang oder die Gefangenschaft der eigenen Truppe den Verantwortlichen vom soldatischen Gehorsam? Die umstürzende Absicht, die Niederlage bewusst herbeizuführen, um damit Hitler und das nationalsozialistische System als Hindernis für die Beendigung des Krieges zu Fall zu bringen, ist weder von mir erwogen worden, noch kam sie mir aus meinem ganzen Befehlsbereich in irgendeiner Form zur Kenntnis. – (...) Ich war Soldat und glaubte damals, gerade durch Gehorsam meinem Volk zu dienen.»

Trotz aller Widrigkeiten kam der Vormarsch der 6. Armee unter Paulus im Rahmen des Sommerfeldzugs 1942 gut voran. Die Tiefe und Weite der Steppe, in der die deutschen Einheiten auf immer staubigen Rollbahnen unterwegs waren, begünstigten ihr Vorrücken noch. Zwischen dem 23. Juli und 11. August wurde die Rote Armee in der Panzerschlacht bei Kalatsch, einer westlich vor Stalingrad gelegenen Stadt am Don, vernichtend geschlagen; allein im Abschnitt der 6. Armee gingen dabei 57 000 Rotarmisten in Gefangenschaft – und damit in ihrer Mehrzahl der sicheren Vernichtung entgegen. Schon am 23. August 1942 stießen Einheiten der 6. Armee nördlich von Stalingrad bis zum Ufer der Wolga vor und richteten sich in einem fast zehn Kilometer breiten Frontvorsprung ein.

Der 23. August war auch der erste Tag massiver deutscher Artillerieschläge und insbesondere von Luftangriffen auf Stalingrad; sie trafen vor allem das Stadtzentrum und töteten in den folgenden Wochen in dem nun tagtäglich ausgeübten Luftterror fast 40 000 Einwohner der Stadt, deren Evakuierung Stalin zunächst verboten hatte. «Unsere Division», so der Gefreite eines Flak-Bataillons am 24. August in einem Feldpostbrief, «liegt nun schon zwei Tage weit im hügeligen Gelände auseinandergezogen, denn erst muß die Artillerie und die Luftwaffe den Weg einigermaßen frei machen. Und das tun sie wieder mit deutscher Gründlichkeit.»

Allerdings zeigte sich bereits in dieser Phase, dass die Lebensmittelversorgung der Truppe sowie der Munitions- und Treibstoffnachschub immer unzureichender wurden. Beweglichkeit und Kampfkraft der Verbände sanken, und die wachsende Zahl toter, verwundeter und vermisster Soldaten minderte sie weiter. Das lag nicht zuletzt daran, dass sich – wie es in der militärischen Sprache heißt – «der Widerstand des Gegners versteifte», ohne dass er sich indessen in das verwickeln ließ, was ihm bisher die größten Verluste gebracht hatte: in Kesselschlachten. Immer wieder gelang es den sowjetischen Truppen, sich in ihrer Masse der Einkreisung rechtzeitig, wenngleich unter großen Verlusten, zu entziehen und aus dieser elastischen Defensive heraus örtlich Gegenangriffe zu unternehmen.

Das bekamen noch die um Stalingrad herum gruppierten, in der Ödnis der Steppe ausharrenden Einheiten zu spüren. Ein Soldat der 113. Infanterie-Division schrieb im Oktober 1942 nach Hause: «Wir haben hier nördlich Stalingrad vor acht Tagen Winterstellung bezogen. Es ist kein verlockendes Bild hier in dieser Steppe. Weit und breit kein Dorf, kein Wald, kein Baum, kein Strauch und kein Tropfen Wasser. Jeden Tag greift der Russe an. Die Stadt selbst ist ja ganz zertrümmert und brennt noch überall und beleuchtet zur Nachtzeit die weite Steppe. Hier passt ein Wort aus dem Evangelium, an das ich schon oft gedacht habe: Kein Stein soll auf dem anderen bleiben. Hier ist die Wirklichkeit so. (...) Man darf den Mut und das Gottvertrauen nicht verlieren, auch wenn die Maschinengewehre noch so böllern und die Bomben und Granaten krachen.»

Unterdessen waren in der gesamten Region Stalingrad die Vorbereitungen für die Verteidigung in vollem Gang. Unter Aufbietung jedes nur irgendwie verfügbaren Mannes und jeder Frau zwischen 16 und 55 Jahren – nur allzu oft auch noch jüngere und ältere Zivilisten – und organisiert in so genannten «Arbeitskolonnen» wurden Panzersperren, Erdwälle und Minenfallen errichtet. Zentrale Plätze, vor allem aber die nach wie vor arbeitenden industriellen Betriebe im Norden der Stadt wurden mit

4. Der Vormarsch der 6. Armee

speziellen Flak-Einheiten gegen die nicht nachlassenden Luftangriffe armiert. Bedient wurden sie von jungen Frauen aus Partei- und Jugendorganisationen, die, konfrontiert mit der ganzen Wucht politischer und patriotischer Argumente und Motivationen, gar keine andere Wahl hatten, als sich für diese Kommandos freiwillig zu melden. Kaum ausgebildet und mit nur geringen Munitionsvorräten versehen, wurden sie beim Eindringen der 6. Armee in die Stadt im Erdkampf eingesetzt und fast alle getötet. Ebenso «freiwillig» erhielten die Rüstungsarbeiter der Stalingrader Betriebe eine kurze militärische Ausbildung.

Im Grunde wiederholte sich, was bereits im Dezember 1941 bei der Verteidigung Moskaus das noch vorhandene Leben in der bedrohten Stadt bestimmte. Nun allerdings geschah dies im Schatten des Befehls Nr. 227, dessen durch politische Kommissare, Kommandeure und NKWD-Einheiten verkörperte Sanktionsmacht nicht allein die Armee betraf, sondern in Form schnell eingerichteter «Volkstribunale» auch die Zivilbevölkerung. Diese «Tribunale» reagierten in erster Linie auf Gerüchte oder Vermutungen über scheinbar bevorstehende Pflichtverletzungen wie Desertionen oder auch nur nicht erfolgte, «freiwillige» Meldungen, etwa zum Dienst in einem der Arbeitsbataillone. Zur Verantwortung gezogen wurden indessen auch solche Männer und Frauen, die in ihrer Position als Führungskräfte ihrer Aufsichtspflicht nicht nachkamen. So wird von einem Schuldirektor berichtet, der anordnete, seine kaum volljährigen Oberstufenschüler hätten sich zum Dienst in der Armee zu melden. Nachdem sich eine größere Anzahl der jungen Männer auf dem Weg zur Meldestelle in der Stadt «verdrückt» hatte, wurde der Mann einem Tribunal überstellt.

Diese Geschehnisse vollzogen sich, das darf darüber nicht vergessen werden, in einer jeden Tag mehr flächendeckend zerbombten und zerschossenen Stadt, in der alle noch Lebenden zu jeder Minute ihres Überlebens nicht sicher sein konnten. Troglodyten gleich fanden die Menschen kaum noch sichere Unterkünfte, verkrochen sich stattdessen, oftmals ohne Strom und Wasser, in Erdhöhlen und Stollen, hineingetrieben in die Wände der die Stadtperipherie und das Wolgaufer säumenden Hohlwege, Steilhänge und Schluchten, in trümmerbedeckte Keller und entkernte Hausruinen. Sie vegetierten oftmals direkt neben den Stellungen der Roten Armee oder waren Teil dieser Stellungen, die im Zuge des bald immer heftiger wogenden Kampfes den Besitzer wechselten.

In diese Trümmerlandschaft hinein stießen nun seit Ende August 1942 die Infanterie- und Panzereinheiten der 6. Armee und Teile der 4. Panzerarmee. Immer noch war der Widerstand der sowjetischen Truppen zäh und nur schwer zu brechen. Er fand nicht zuletzt durch die von der Wehrmacht und der Luftwaffe selbst herbeigeführte Zerstörung der Stadt immer wieder Positionen, an die er sich klammern konnte. In kaum einsehbaren Ruinen, unter halb eingestürzten Kellergewölben, hinter verkohlten Fensterrahmen oder in den Tunneln der städtischen Kanalisation konnten sich sowjetische Soldaten mit Maschinengewehren und Granatwerfern verbergen, lauerten Scharfschützen auf ein «lohnendes» Ziel.

Insbesondere in der Nacht hielten die versprengten sowjetischen Trupps die Landser der Wehrmacht in Atem. Kleinere Attacken und das fast ununterbrochene Abschießen von Leuchtraketen sowie kurze Feuerstöße aus Maschinenwaffen zerrütteten die psychische Verfassung deutscher Soldaten und zehrten an ihren Nerven. Ausdruck dieser wachsenden Nervosität war der ansteigende Munitionsverbrauch bei den Infanteriewaffen. Jedes nahe Gefechtsgeräusch, jeder durch die Trümmer hetzende Schatten hatte den mehr oder weniger wahllosen Einsatz von Gewehren, Maschinenpistolen und Maschinengewehren zur Folge. Allein im Monat September stieg der Verbrauch der Infanteriemunition auf fast 25 Millionen Schuss. Hinzu kamen – ebenfalls meist zur Nacht oder im Morgengrauen – Nahkampfangriffe, mitunter lautlos nur mit Messern, Spaten und Bajonetten vorgetragen. Das war eine Kampftaktik, die schon in der Anfangsphase des Krieges im Sommer 1941 von jenen sowjetischen Truppen praktiziert wurde, denen die Munition ausgegangen war. Und schon damals bemerkten sowjetische Kommandeure, dass deutsche Einheiten auf diese eher archaische Kampfweise äußerst nervös reagierten. «Jeder Deutsche» in

Stalingrad müsse, so der sowjetische Armeebefehlshaber Tschuikow später in seinen Erinnerungen, «das Gefühl haben, dass er direkt vor dem Lauf eines russischen Gewehrs lebt».

Dennoch gelang es den deutschen Truppen, bis zum 3. September 1942 in Teilen Stalingrads bis auf nur noch drei Kilometer an die Wolga heranzukommen. Bis Ende des Monats waren über 80 Prozent des Stadtgebiets erobert – und die Lage der sowjetischen Verteidiger verzweifelt. Von der 62. Armee etwa, die in diesen Tagen gemeinsam mit der 64. Armee die Hauptlast auf sowjetischer Seite zu tragen hatte, waren nur noch ungefähr 20 000 Rotarmisten übrig, zu schweigen von ein paar Panzern, die mehrheitlich gar nicht mehr fahrbereit waren und, bis zum Turm eingegraben, als Artillerieersatz fungierten. Der Zusammenhalt dieser Truppen verdankte sich nur zum geringeren Teil dem unbedingten, patriotisch motivierten Willen, Stalingrad keinesfalls den Deutschen zu überlassen. Als mindestens ebenso bedeutsam zeigte sich das allgegenwärtige Auftreten der NKWD-Truppen. Sie überwachten insbesondere am Ufer der Wolga streng alle Anlandungsstellen für den zu diesem Zeitpunkt spärlichen Nachschub an Menschen und Material und für den Rücktransport der nur in geringem Umfang geborgenen Verwundeten. Jeder Rotarmist, der sich von hier über den Fluss davonstehlen wollte, «weg aus dieser Hölle», wie Tschuikow in seinen Erinnerungen schrieb, wurde nach kurzem Verfahren sofort hingerichtet.

5. Der Ring schließt sich

Beginnen wir mit dem Ende. Die gründlichste Aufstellung über die Beute findet sich gemeinhin bei den Siegern. Bereits am 2. Februar 1943, nachdem auch der abgespaltene Nordkessel den Kampf eingestellt hatte, meldeten der Marschall der Artillerie Woronow und der Oberbefehlshaber der Donfront, Generaloberst Rokossowskij, an Stalin: «Vollständig vernichtet und teilweise gefangen genommen wurden das XI. Armeekorps, VIII. Armeekorps, XIV. Panzerkorps, LI. Armeekorps, IV. Armeekorps und das aus 22 Divisionen bestehende XXXXVIII. Panzerkorps mit der 44., 71., 76., 79., 94., 100. leichten Division, 113.,

376., 295., 297., 305., 371., 14., 16. und 24. deutschen Panzerdivision, der 1. Kavallerie- und 20. rumänischen Infanteriedivision. (…) Über 91 000 Mann wurden gefangengenommen, darunter mehr als 2500 Offiziere und 24 Generäle, unter letzteren ein Generalfeldmarschall, zwei Generaloberste, die restlichen Generalleutnante und -majore. (…) Die Beutezählung ist noch nicht abgeschlossen.» Hinzu kamen fast 40 weitere Heerestruppenteile, selbstständige Regimenter, Bataillone und Abteilungen, deren Aufzählung den Rahmen sprengen würde.

Ob die Angaben und Zahlen stimmen? Fest steht, dass von den «über 91 000» deutschen Gefangenen Ende März 1943 nahezu die Hälfte tot war: Sie erfroren, verhungerten oder sie wurden, oft aus nichtigem Anlass, weil sie aus Schwäche die Marschkolonnen verließen, oder einfach aus Rache, getötet. Weitere 40 000 Männer starben im weiteren Verlauf der Gefangenschaft. Der überproportional hohe Anteil gefangener Offiziere zeigt sich auch noch in der Zahl der etwa 5000 Stalingrad-Heimkehrer; auch hier sind die Offiziere in der Mehrheit, was zumeist einfach daran lag, dass sich ihre Behandlung und Verpflegung in sowjetischer Gefangenschaft besser als die der Mannschaften gestaltete, und zwar umso mehr, je höher ihr Rang war. Die Überlebensquote von Unteroffizieren und Mannschaften, die in Stalingrad in Gefangenschaft gerieten, lag dagegen unter 10 Prozent, während sie kurz darauf, für die im Sommer 1943 gefangenen Mannschaftsdienstgrade, fast 70 Prozent betrug.

Bis heute wird darüber diskutiert, wie viele deutsche Soldaten sich überhaupt im Kessel befanden. Waren es 195 000, 232 000, 236 600, 243 700 oder gar 380 000? Noch ungewisser und mit der Unsicherheit über die Gesamtzahl der eingekesselten Deutschen zusammenhängend ist die Zahl der so genannten Hiwis, der russischen «Hilfswilligen», die der Wehrmacht dienten. Schätzungen sprechen von rund 50 000 Männern. Wer von ihnen bis zur Kapitulation überlebte, dürfte danach von Angehörigen der Roten Armee umgebracht worden oder im Gulag gelandet sein. Die Zahl der eingeschlossenen rumänischen Truppen schwankt zwischen 5000 und 12 600 Soldaten, der Rest jener zwei rumänischen Armeen unter Marschall Ion Antonescu, die –

von Hitler und der Wehrmacht im Stich gelassen – von der Roten Armee überrannt worden waren.

Dazu kommen einige hundert italienische Männer, Übriggebliebene der zehn Divisionen, die auf Befehl Benito Mussolinis an der «Operation Blau» teilgenommen hatten und zwischen dem 16. und 20. Dezember 1942 am mittleren Don den sowjetischen Soldaten unterlagen, sowie die Überlebenden eines kroatischen Regiments. Zu den verbündeten Truppen der Deutschen vor Stalingrad zählten schließlich auch die 180 000 Soldaten und Offiziere der ungarischen 2. Armee. Von ihnen scheint sich jedoch niemand im Kessel befunden zu haben. Südlich von Stalingrad hatten sie am Don Stellung bezogen. Hier wurden sie, unzureichend bewaffnet und verpflegt sowie angesichts ihrer Stärke ähnlich wie die rumänischen Divisionen mit einem viel zu großen Frontabschnitt betraut, am 12. Januar 1943 von der Roten Armee überrollt. In einer zwölftägigen Schlacht verloren über 105 000 ungarische Soldaten ihr Leben, wurden verwundet oder blieben vermisst. Es war das größte militärische Desaster für das ungarische Heer seit den Türkenkriegen und als Thema bis Anfang der neunziger Jahre in Ungarn tabu.

Wie konnte es so weit kommen? Nach Erreichen der Stalingrader Vorstädte, teils weiten Vorstößen und schließlich der Besetzung großer Teile des Stadtgebiets, musste die 6. Armee unter Generaloberst Friedrich Paulus Mitte September ihr Angriffstempo drosseln, wenngleich noch nicht einstellen wie dann zunächst am 6. Oktober, an eben jenem Tag, da Hitler die endgültige Einnahme Stalingrads befohlen hatte. Insbesondere die Infanterie hatte schwer gelitten; ihre Verbände waren in Straßen- und Häuserkämpfen, die von beiden Seiten «mit erbarmungsloser Härte geführt» wurden, dezimiert worden. «Weiter können wir auf keinen Fall zurückgehen», lässt Viktor Nekrassow in seinem Roman «Stalingrad» einen Rotarmisten sagen, «wir sind schon bis zum äußersten Punkt zurückgewichen, bis an den Rand der Erde ... Wohin denn noch weiter?» Das war die auf sowjetischer Seite in diesen Tagen weit verbreitete Einstellung, die neben dem eisernen Regiment der Politkommissare und des NKWD die Kampfmotivation in den Trümmern der Stadt bestimmte und prägte.

Am 12. September 1942, während seine Truppen weiter mühsam Meter um Meter vorrückten, reiste Paulus ins Führerhauptquartier bei Winniza, um sich mit dem zu diesem Zeitpunkt noch amtierenden Generalstabschef Halder und Hitler selbst zu treffen. Die vorliegenden Quellen berichten über das Ergebnis dieses Treffens in recht unterschiedlicher Akzentuierung. Paulus behauptet in seinen nachträglich verfassten «Grundsätzlichen Überlegungen zur Operation der 6. Armee», dass er sowohl Halder, mit dem er einig war, wie auch Hitler gegenüber nachdrücklich auf die nur spärlich besetzte, von den verbündeten Armeen gehaltene Nordflanke der 6. Armee, mithin auf die Gefahr der Umkreisung und Einkesselung hingewiesen habe. Überdies habe er eindringlich die Probleme des Nachschubs an Munition und Material sowie die immer schlechtere Lebensmittelversorgung angesprochen.

Tatsächlich gibt es im Verlauf der weiteren Ereignisse eine Vielzahl von Eingaben und Anfragen durch Paulus an das Oberkommando der Heeresgruppe, aber auch an den «Führer», die genau diese Fragen immer wieder ansprechen, bis sie schließlich in der Bitte um «Handlungsfreiheit», d. h. um die Bewilligung des selbstständig unternommenen Ausbruchs aus dem ab Ende November geschlossenen Kessel gipfeln. Das ganze Ausmaß der sowjetischen Einkreisungsoperation, die gleichsam tief im Rücken der 6. Armee ansetzte, hat er indessen nicht vorhergesehen, einfach deshalb, weil er wie die ihn umgebenden Stabsoffiziere – von wenigen Ausnahmen wie etwa dem Nachrichtenoffizier der 6. Armee, Oberstleutnant Niemeyer, abgesehen – es einfach nicht für möglich hielten, dass die Rote Armee dazu imstande war. Vor allem aber blieb der Oberbefehlshaber der 6. Armee letztlich unfähig, über den eigenen Schatten des gehorsamen Stabsoffiziers zu springen, als es darum gegangen wäre, auf der Grundlage klarer, tagtäglich bestätigter Lageeinschätzungen den Ungehorsam gegenüber bedingungslosen Haltebefehlen zu praktizieren. Wo so ungewöhnliche wie unmenschliche Situationen einem deutschen Offizier ungewöhnliche Reaktionen abver-

5. Der Ring schließt sich

langten, witterte Paulus bloß «Anarchie». Er hätte, vermerkte er nach dem Krieg, «die Lage im Großen verantwortlich gar nicht übersehen» können und durch sein Zuwiderhandeln «der oberen Führung die Operationsgrundlage entzogen». Dies jedoch hätte – «zum System erhoben» – unwiderruflich die «Anarchie in der Führung» nach sich gezogen. Und was ist dagegen schon der Untergang einer Armee? Am 12. September 1942 aber gab er zu Protokoll, nachdem Hitler auf einer Antwort darauf insistierte, wann mit dem Fall Stalingrads zu rechnen sei, dass die Eroberung der Stadt noch etwa zehn Tage beanspruchen werde.

Die Gleichzeitigkeit der Ereignisse ist verblüffend, aber belegt. Ebenfalls am 12. September 1942 begab sich der Ende August des Jahres zum Stellvertreter Stalins als Oberkommandierender der Streitkräfte beförderte General Georgi Schukow in den Moskauer Kreml. Stalin hatte ihn unmittelbar nach seiner Beförderung auf eine Inspektionsfahrt zur Stalingrader Front geschickt und erwartete nun Vorschläge, wie die neuerlich drohende Niederlage abgewendet werden konnte. Was ihm von Schukow und Generalstabschef Alexander Wassilewski am folgenden Tag als großer Plan unterbreitet wurde, machte sich die Schwäche des vor allem von Hitler verantworteten Zieles, Stalingrad unbedingt zu erobern, und die ebenso bedingungslose Absicht Stalins, die Stadt zu halten, in einer taktischen Meisterleistung zunutze. Die deutsche Fixierung auf die Stadt an der Wolga und der sowjetische Versuch, durch zähen Widerstand diese Fixierung möglichst lange am Leben zu erhalten, hatten in diesem Plan die Zeit für die Aufstellung und Ausbildung neuer Armeen zu schaffen. Mit ihnen sollte dann ein, zwei Monate später eine tief ins feindliche Hinterland hineinreichende Einkreisung der in Stalingrad festsitzenden 6. Armee durchgeführt werden.

Und die Sowjetunion besaß durchaus die Soldaten und vor allem die Panzer und Geschütze, um eine solche Operation umzusetzen. Denn die geschilderte Verlagerung der Industrie (vgl. Kap. 2 «Ein neuer Plan») zeitigte im Ausstoß von Rüstungsgütern seit Beginn der zweiten Jahreshälfte 1942 ungeahnte Erfolge. Allein durchschnittlich 2200 Panzer verließen pro Monat die Montagehallen, gegenüber ganzen 500 auf deutscher Seite –

zur völligen Überraschung der Deutschen, bei denen bisher jede Friktion einer Schlacht an der Ostfront allenfalls vom Wetter oder dem fanatischen Widerstand der Rotarmisten bestimmt wurde, aber nicht durch kaum mehr erwartete Reservearmeen, gut ausgerüstet und überdies fähig, weiträumige Umfassungsoperationen durchzuführen. Die bei Stalingrad sollte die erste dieser Art auf sowjetischer Seite sein; im Kontext der strikten Geheimhaltung erhielt sie den Tarnnamen «Operation Uranus».

Tarnung und Verschleierung waren die Stichworte für das, was sich nun in den kommenden Wochen abspielte. Keiner der wie immer zahlreichen Gefangenen und Überläufer, die in jenen Tagen in die Hände der Wehrmacht fielen, wusste etwas über die Aktivitäten zu berichten, die sich in den Bereitstellungsräumen der sowjetischen Angriffsarmeen abspielten. Wichtige Befehle wurden nicht mehr per Funk, sondern nur noch mündlich oder schriftlich übermittelt. Alle bedeutsamen Truppenverschiebungen inklusive der notwendigen Überquerungen des Don und der Wolga fanden bei immer schlechter werdendem Wetter in der Nacht statt. Bei Tage hatten die Truppen sich in den wenigen Steppendörfern versteckt zu halten. Ermöglicht wurde dies durch den schnell ausgeführten Befehl, alle Ortschaften im Umkreis von 25 Kilometern hinter der in Aussicht genommenen Frontlinie, von der aus die Operation rund 200 Kilometer westlich bzw. südlich von Stalingrad beginnen sollte, zu räumen. Tausende von Zivilisten hatten ihre Behausungen zu verlassen und ein Teil von ihnen wurde in Arbeitsbataillonen zwangsverpflichtet, um Vormarschstraßen und Flussübergänge instand zu setzen. Hinzu kamen Täuschungsmanöver an anderen Frontabschnitten, wie etwa im Bereich der deutschen Heeresgruppe Mitte vor Moskau, wo die deutsche Führung ohnehin einen sowjetischen Gegenstoß erwartete. Trotz einiger logistischer Pannen, zu denen noch als die harmlosere gehörte, dass nicht alle Soldaten mit Winteruniformen ausgestattet werden konnten, gelang es so nach und nach, völlig unbemerkt von der deutschen Aufklärung, die Rotarmisten für die geplante, riesige Einkreisungsoperation bereitzustellen. Mehr als 1000 Panzer und die gewaltige Feuerkraft von 17 000 Geschützen sollten ihnen zur Verfügung stehen.

5. Der Ring schließt sich

Entscheidend bei der Planung und Durchführung der «Operation Uranus» war der Faktor Zeit. Eineinhalb Monate waren das Mindeste, was die Führung der Roten Armee zur Vorbereitung benötigte. Deshalb kam alles darauf an, Stalingrad möglichst mit den vorhandenen Mitteln zu halten und die deutschen Angreifer in nicht nachlassendem Widerstand zu zermürben. Ohne dass irgendjemand auf der Seite der Stalingrad-Verteidiger von den Einkreisungsabsichten wusste, war genau diese Botschaft in der Trümmerstadt auch angekommen – oder mit allen zur Verfügung stehenden Sanktionsmitteln erzwungen worden. Die Soldaten der 6. Armee waren die Ersten, die dies zu spüren bekamen, nachdem Paulus unmittelbar nach seiner Rückkehr aus dem Führerhauptquartier Winniza die neuerliche Aufnahme des Angriffs am 13. September 1942 befohlen hatte.

Dennoch gerieten die Verteidiger der Stadt, parallel zu ersten Erfolgen der vorrückenden deutschen Truppen, in ein wachsendes Dilemma. Immer noch besaßen die Angreifer die absolute Lufthoheit und schienen auch in allen übrigen Belangen überlegen. Die ausgegebene Hoffnungsparole, ein nur noch kurzer Kampf würde es ermöglichen, die Wolga zu erreichen, motivierte die Soldaten der deutschen Stoßdivisionen zusätzlich. Der Gegner, die Reste der 62. und 64. Armee, wurde allmählich auf wenige Stellungen, zumeist konzentriert um zentrale, mittlerweile natürlich zerstörte Gebäude und geographisch hervorgehobene Plätze, zurückgedrängt. Im Wesentlichen waren das die großen Industriebetriebe im Norden der Stadt, der Zentralbahnhof und das ihn umgebende Areal sowie der Mamajew-Kurgan, eine kleine Erhebung, zentral in einem ehemaligen, nun eingeebneten Park gelegen; wer ihn in Händen hatte, konnte von hier aus die Wolga kontrollieren und artilleristisch bedrohen.

In den am 13. September beginnenden deutschen Angriffen auf den Bahnhof und Mamajew-Kurgan wechselte allein der Bahnhof binnen dreier Tage fünfzehnmal den «Besitzer». Was von den Deutschen tagsüber unter starkem Einsatz von Bombenangriffen, Panzern und Artilleriebeschuss an Trümmerfeldern besetzt werden konnte, wurde in der Nacht zumeist von kleineren sowjetischen Trupps nicht unbedingt zurückerobert, aber wiederum mit einem Netz von Widerstandsnestern durchzogen, deren schnell bemerkbare Existenz die mitunter schon weitergezogenen deutschen Einheiten von hinten bedrohte, sodass dieses Terrain neuerlich, bei steigenden Verlusten unter den ermüdeten deutschen Truppen, erobert werden musste.

Schon in jenen Tagen zeigte sich, dass dies die Kampftaktik war, mit der die materiell noch überlegenen deutschen Angreifer zermürbt werden konnten. Aber der Preis, den die Stalingradkämpfer der Roten Armee zu zahlen hatten, war hoch. Und er erhöhte sich noch, als am 12. September 1942, einen Tag vor Beginn des deutschen Angriffs, General Wassili Iwanowitsch Tschuikow als Oberbefehlshaber der 62. Armee eingesetzt wurde. Unter seinem harten Regiment etablierte sich im fast schon eroberten Stalingrad eine Abwehrfront der Verzweifelten, denen als Ausweg – ob über Desertion und Befehlsverweigerung oder im Kampf – fast nur der Tod oder die Verwundung blieb. Unerbittlich ließ Tschuikow jeden bestrafen, zumeist mit dem Tod, der es am geforderten, unerbittlichen Kampfwillen fehlen ließ. Doch erst Anfang Oktober schien sich, ausweislich der streng durchgeführten Briefzensur durch speziell dafür abgestellte Politkommissare und der Statistiken über die erfolgten Verurteilungen und Vorkommnisse, die resignative bis «defätistische» Stimmung unter den sowjetischen Soldaten in Stalingrad zu einer stabileren Kampfmotivation gewandelt zu haben. Gleichwohl blieb das Bedrohungsszenario während des ganzen Kampfes um Stalingrad blutige Realität. Als Ersatz für die wegen geplanter Desertion, fehlendem Mut, Selbstverstümmelung oder irgendwelchen «antisowjetischen Aktivitäten» oder Äußerungen hingerichteten Männer dienten den Frontkommandeuren oft bereits auf das andere Ufer der Wolga evakuierte Zivilisten; wahllos wurden unter ihnen neue Soldaten rekrutiert und ohne Ausbildung in die Schlacht geschickt.

Aber alle mehr oder weniger erzwungene Opferbereitschaft konnte nicht verhindern, dass die deutschen Truppen das Wolgaufer an einigen Stellen erreichten und im Begriff standen, den Nachschub über den Fluss wirksam zu behindern. In dieser eigentlich aussichtslosen Lage wurde auf Veranlassung Stalins die 13. Gardeschützendivision über die Wolga hinüber in die wie von einem Erdbeben zerstörte Stadt befohlen. Zwar war auch sie eigentlich dafür bestimmt, an der Einkreisungsoperation «Uranus» teilzunehmen. Aber der drohende Verlust Stalingrads hätte alle Planungen über den Haufen geworfen. Schon der Transport dieser Division über den breiten Fluss mit allem, was nur irgendwie schwimmen konnte, gestaltete sich eher wie ein dilettantisch vorbereitetes Landungsunternehmen. Die deutschen Truppen hatten sich zwar noch nicht in ihren frisch eroberten Uferstellungen eingraben können, doch ihre Artillerie und diverse Maschinengewehrnester unterhielten ein lebhaftes Feuer auf die heranrudernden und -fahrenden Soldaten der 13. Gardedivision. Bereits am ersten Tag ihres Einsatzes waren fast drei- von den zehntausend Rotarmisten gefallen, die ihren Kameraden in der Stadt zu Hilfe eilten. Und doch gelang es ihnen, den bislang erfolgreichen deutschen Vorstoß aufzuhalten. Vor allem wurde verhindert, dass der so umkämpfte Mamajew-Kurgan in deutscher Hand blieb, und erreicht, dass der Nachschub auch weiterhin über die Wolga abgewickelt werden konnte.

Jeder Straßenzug, jedes Haus und schließlich jeder Keller und jede noch stehende Etage wurde in den kommenden Tagen und Wochen zur hart umkämpften Position. Der Widerstand und die kampftechnischen Methoden seiner so verlustreichen wie zähen Umsetzung verschärften sich von Tag zu Tag – und parallel zu den Bodengewinnen der Deutschen, die Ende September schließlich nahezu die gesamte Innenstadt Stalingrads erobert hatten. Das oberste Kampfprinzip der Sowjets bestand darin, den Abstand zur deutschen Frontlinie so knapp wie möglich zu bemessen. Fünfzig bis hundert Meter, so wird geschätzt, waren das Äußerste, was die Kommandeure für akzeptabel hielten. Die Vorteile lagen auf der Hand: Auf diese Weise konnte der unmittelbare Kampfdruck auf die erschöpften Landser auf hohem Niveau gehalten werden – und das enge Beieinanderliegen von Freund und Feind erschwerte deutsche Luftangriffe und Artillerieschläge, bei denen nun immer auch die Gefahr bestand, die eigenen Leute zu treffen. Im Kalkül sowjetischer Offiziere war dies, soweit es die Rotarmisten betraf, unvermeidlich und im Sinne der für notwendig erachteten, brutalen Disziplin klaglos hinzunehmen. Auf deutscher Seite halfen auch die zur Markierung der eigenen Stellungen ausgelegten Hakenkreuzfahnen nicht viel. Durch den von Bränden, einstürzenden Gebäuden und Geschosseinschlägen herrührenden Rauch und Dunst, der über den Trümmern schwebte, waren sie aus der Luft oft einfach nicht zu erkennen.

Im fernen Deutschland wuchsen allmählich die Sorgen angesichts des Schlachtgeschehens an der Wolga, nicht zuletzt angesichts des bevorstehenden Winters, der schon im Vorjahr so viele Opfer gekostet hatte. Die immer wieder in der Presse zu lesenden Meldungen, nach denen der Fall Stalingrads unmittelbar bevor stehe, minderten diese Sorgen keinesfalls. Am 28. September 1942 hieß es in den geheimen Meldungen des Sicherheitsdienstes der SS: «Das Ringen um Stalingrad wird nach wie vor von allen Volksgenossen als das entscheidende Ereignis der Ostfront betrachtet. Aufs tiefste besorgt harre das Volk in seiner Gesamtheit mit zunehmender, nervöser Ungeduld der Stunde, die die erlösende Nachricht von dem Fall dieser Stadt bringen werde. Die Volksgenossen vertrösten sich – den Berichten zufolge – von Stunde zu Stunde, von Tag zu Tag und von Wochenende zu Wochenende. (...) In den aufkommenden Befürchtungen äußere sich (...) auch vermehrt der bedrückende Gedanke, die strategisch so wichtige Stadt könne vor Einbruch des Winters, (...) nicht mehr eingenommen werden.»

Die «Befürchtungen» waren mehr als berechtigt. Einen Tag, bevor die zitierte Meldung des SD verfasst worden war, am 27. September, hatte der deutsche Angriff auf vermeintlich letzte Widerstandsnester im Norden Stalingrads begonnen. Doch es stellte sich schnell heraus, dass die sowjetischen Verteidiger sich unterdessen in den dort gelegenen Industriebetrieben, wie in der Fabrik «Roter Oktober» oder dem, was von ihr noch übrig war, eingeigelt hatten. Die hier eingesetzten sibirischen Soldaten vermochten sich und ihre Waffen, zu denen auch Geschütze kleineren Kalibers gehörten, wirksam gegen die nun fast zwei Tage andauernden Luftangriffe durch Stukas und Bomber zu schützen, die wie gewöhnlich den Angriff der Infanterie und der Panzer ebnen sollten. Selbst als es den angreifenden Einheiten, denen zur Unterstützung noch die 94. Infanteriedivision und die 14. Panzerdivision zugeteilt worden waren, mühsam gelang, die sowjetischen Truppen zu zerschlagen oder sie in einzelnen Häusern, ja, Kellern zu isolieren, kämpften diese kleinen Gruppen weiter und besetzten bei Tage «eroberte» Trümmer in der Nacht sofort wieder mit einzelnen Kämpfern.

Die von General Tschuikow am Ostufer der Wolga konzentrierte Artillerie, zu der auch die von den Deutschen so gefürchteten «Katjuscha»-Raketenwerfer gehörten, tat ein Übriges, um das deutsche Vordringen zu behindern. Im Laufe des Oktober war nicht nur die Zahl der Geschütze und «Katjuschas» bedeutend erhöht worden, auch ihre durch Artilleriebeobachter koordinierte und durch verbesserten Funkverkehr sicherer übertragene Befehlsstruktur und damit ihre Schussfolge und Treffergenauigkeit hatten sich zum Schaden der deutschen Truppen verbessert. Ebenfalls während des Oktober begann sich auch in kleinen Schritten die Luftlage zu Ungunsten der Deutschen zu verändern. Auch hier wirkten sich nun die hohen Produktionszahlen der sowjetischen Rüstungsindustrie aus. Die überstrapazierte Luftwaffe, deren Verluste durch Abschüsse und technische Überbeanspruchung stetig stiegen, hatte Ende Oktober die Luftherrschaft über der Stadt verloren.

Die deutschen Verluste nahmen zu und schließlich dramatische Ausmaße an. Manche der angreifenden Divisionen schmolzen auf Bataillonsstärke zusammen, Kompanien mussten aufgelöst oder mit anderen zusammengelegt werden, um von der personellen Stärke her überhaupt noch als Kampfformation angesprochen und eingesetzt werden zu können. Von der 94. Infanteriedivision wird berichtet, dass ihre an der Front stehenden Einheiten Anfang Oktober ganze 535 Soldaten zählten. Vor allem die Verluste unter den die Kompanien anführenden Leutnants, Oberleutnants, Hauptmännern und unter schlachtenerprobten Unteroffizieren schwächten die Kampfkraft. Sie in erster Linie bildeten das bevorzugte Ziel der allgegenwärtigen Scharfschützen, um deren «Leistungen» sich auf sowjetischer Seite ein wahrer Kult entwickelte. Ihre rasch verbreiteten «Abschusszahlen» spielten in den Monaten der Stalingrader Schlacht eine ebenso wichtige, propagandistische Rolle wie zuvor und danach die Produktionszahlen der Rüstungsindustrie.

Die deutschen Truppen begannen allmählich damit, sich der Kampfweise ihrer Gegner anzupassen. Der Rückgriff auf die Erfahrungen in der Schlussphase des Ersten Weltkriegs war dabei unübersehbar. Spezielle Pioniereinheiten, erfahren im Umgang mit Sprengstoff und dem Einsatz von Flammenwerfern, wurden nach Stalingrad gebracht. Konzentriert in kleinere Stoßtrupps von zehn bis fünfzehn Mann sollten sie, ähnlich wie ihre Vorgänger seit Ende 1917 an der deutschen Westfront den erstarrten Stellungskrieg, den immer mehr auf wenige Verteidigungspositionen konzentrierten, auf einem völlig unübersichtlichen Gefechtsfeld sich abspielenden Stalingrader Vernichtungskrieg wieder in Bewegung und zum siegreichen Abschluss bringen. Der Krieg in der Stadt spaltete sich in eine Vielzahl von Einzelaktionen auf, die wiederum von verbissenen Nahkämpfen geprägt wurden. Messer und an ihren Blättern geschärfte, kurze Spaten, Handgranaten, Maschinenpistolen und kleinkalibrige Mörser waren die Waffen der Wahl, mit denen bei Tag und Nacht getötet wurde. Gut getarnte Fallen, Hinterhalte und Überraschungsangriffe ließen die deutschen Angreifer kaum zur Ruhe kommen.

Die psychischen Belastungen angesichts dieser permanenten Bedrohung müssen für beide Seiten immens gewesen sein. Doch das im Ersten Weltkrieg noch so virulente Krankheitsbild der Kriegsneurose oder des Granatschocks, mithin des psychischen Zusammenbruchs etwa unter den Belastungen des Trommelfeuers, der sich unter anderem und am sichtbarsten in einem Muskelzittern der Arme und Beine äußern konnte, taucht in den deutschen und sowjetischen wehrmedizinischen Akten nicht auf. In Deutschland war der in der Weimarer Republik und noch in den ersten Jahren der NS-Herrschaft daraus für die Gewährung oder Ablehnung von Kriegsrenten resultierende Konflikt längst entschieden: Es hatte einfach keine Kriegsneurosen gegeben und jeder, der unter ihren Symptomen litt, war ein möglicher Simulant oder es fehlte ihm aufgrund nationaler, «rassischer» oder sonstiger «charakterlicher» Mängel die nötige «Willenskraft»,

5. Der Ring schließt sich

den seelischen Zusammenbruch zu überwinden. Schon gar nicht galten Desertionsversuche oder Befehlsverweigerungen im akuten Zustand der psychischen Traumatisierung als irgendwie entschuldbar. Im sowjetischen medizinischen Vokabular tauchte der Begriff der Kriegsneurose oder des Kampfschocks überhaupt nicht auf. Allenfalls ältere Militärärzte, die noch den Ersten Weltkrieg miterlebt hatten, erinnerten sich dunkel, dass es so etwas einmal gegeben hatte. Eine Behandlung psychischer Traumata war in der sowjetischen Armee nicht vorgesehen. «Feigheit» und «Verrat» waren die gängigen Ersatzbezeichnungen, mit denen die Betroffenen als «Kriminelle» abgestempelt wurden. «Trauma?», zitiert Catherine Merridale einen von ihr interviewten Militärarzt: «Wir wären froh gewesen, wenn wir genug zu essen gehabt hätten.»

Indessen war es für die deutschen ärztlichen Statistiker unübersehbar, dass schon vor der Einkesselung der 6. Armee der Krankenstand ihrer Soldaten bemerkenswerte Aufschlüsse zuließ. Diverse Infektionskrankheiten, wie Typhus oder die schon aus dem Ersten Weltkrieg bekannte Durchfallerkrankung Ruhr, hatten zwischen September und Anfang November zwar nicht überproportional zugenommen, aber immer mehr Soldaten, darunter besonders viele junge Soldaten zwischen 18 und 22 Jahren, waren in Stalingrad daran gestorben. Es spricht einiges dafür, dass die grundsätzliche Anfälligkeit für Infektionen und vor allem deren häufig tödlicher Verlauf auch auf die psychische Ermattung zurückzuführen sind. Aber die Diagnose des Kampf- oder Granatschocks wurde ebenso vermieden wie nach der Einkesselung die Feststellung, dass namentlich der Hunger und seine unübersehbaren Symptome in Gestalt der Hungerödeme das Krankheitsgeschehen bestimmten und selbst einfache Erkältungen tödlich verlaufen ließen.

Im Oktober und November unternahmen die geschwächten deutschen Truppen immer wieder neue Versuche, die Reste der Stadt zu erobern. Jeder Vorschlag, der von Paulus selbst oder auch aus den Reihen des Generalstabs oder von anderen Armeeoberbefehlshabern kam, sich aus Stalingrad zurückzuziehen und sich vor der Stadt für den Winter einzurichten, wurde von

Hitler zurückgewiesen. Selbst kriegsökonomische Begründungen für einen Rückzug – wie etwa der Anfang Oktober erfolgende Hinweis, die Rüstungsindustrie in Stalingrad sei doch praktisch schon ausgeschaltet worden und jedes weitere Ausharren in der Stadt werde die Verluste im ungewohnten Häuserkampf unnötigerweise vermehren – stießen auf taube Ohren. Die Eroberung der Stadt, deren Vollzug Hitler ja bereits am 30. September und nochmals am 8. November verkündet hatte, war längst nicht mehr bloß ein militärisches Ziel; sie war zu einer Angelegenheit des Prestiges geworden, des drohenden und daher umso mehr zu vermeidenden Gesichtsverlustes. Dem «Führer» ging es um das Ansehen seiner Führungskunst und um die Qualität der Wehrmacht, die in den Augen der Verbündeten nicht noch einmal so beschädigt werden durfte wie ein knappes Jahr zuvor bei Moskau.

Und ebenso wie damals wurde von ihm immer wieder die notwendige «Willensstärke» betont, mit deren Hilfe alles und natürlich auch ein Sieg in Stalingrad möglich sei. Jede Ansicht, jede Lageeinschätzung, die nicht von willensstarker Entschlossenheit zum Sieg durchdrungen war, galt Hitler als «haltloser Pessimismus». Ausgestattet mit einer zu keinem Zeitpunkt von einem seiner Generäle ernsthaft bestrittenen Autorität, blieb er bis zum Schluss der Stalingrader Katastrophe – und darüber hinaus – in der aus dieser Willensfixierung gewonnenen Schein- und Wahnwelt befangen. So dramatisch und aussichtslos die Lage auch wurde, in Hitlers Ankündigungssemantik tauchten immer wieder neue Auswege in Gestalt frisch aufgestellter und kurz vor ihrem Eingreifen stehender Entsatztruppen auf, die das Blatt noch komplett wenden würden.

Die befohlenen Großangriffe in Stalingrad waren unterdessen Ende Oktober zunächst eingestellt worden. Der am Westufer der Wolga konzentrierten sowjetischen Artillerie gelang es nun regelmäßig, die deutschen Angriffstruppen schon in ihren Bereitstellungsräumen wirksam unter Beschuss zu nehmen und zu dezimieren. Dennoch wurde am 11. November ein weiterer Angriffsversuch unternommen, für den neue Kampfgruppen aus dem noch verbliebenen Personalbestand der geschwächten Divisionen sowie neu herangeführte Pionierbataillone aufgestellt wurden. Aber auch ihre Sturmversuche auf die nach wie vor auf wenige Stellungen konzentrierten Verteidiger scheiterten schließlich. Mitte November umfassten die meisten Infanteriekompanien durchschnittlich nur noch die Hälfte ihres Bestands von rund 100 Männern. Am Ende sollten auf Befehl von Paulus auch Mannschaftsdienstgrade aus den Stäben sowie Köche, Funker, ja, sogar Panzerbesatzungen, deren Gerät zerstört oder aufgrund von technischen Problemen und Treibstoffmangel nicht mehr einsetzbar war, in die Kämpfe eingreifen. Selbst das Wetter, das ab dem 9. November mit stetig fallenden Temperaturen die Wolga vereiste und den sowjetischen Nachschub erschwerte, half den Deutschen nicht. Die Zahl deutscher Überläufer nahm in diesen Novembertagen zu. Erste Versuche verliefen noch meist tödlich, weil die Rotarmisten auch auf jene Deutschen sofort schossen, die sich erkennbar ergeben wollten. Doch ein alsbald kursierendes sowjetisches Flugblatt wies darauf hin, dass ab sofort, gemäß einem Befehl Stalins, Überläufer und aufgebende deutsche Soldaten geschont und in der bevorstehenden Gefangenschaft gut versorgt werden würden. Stalingrad aber war offenbar nicht zu erobern und alle Hoffnungsparolen auf den Sieg waren unter einer apokalyptisch wirkenden Mondlandschaft von Trümmern und ausgebrannten Häuserskeletten begraben.

Die sowjetische Einkreisungsoperation begann – nach einer Verzögerung von zehn Tagen – am 19. November 1942. Nordwestlich und westlich von Stalingrad durchbrachen die sowjetischen Divisionen noch am gleichen Tag die Front, die von völlig überforderten und verschreckten Soldaten der 3. rumänischen Armee gebildet wurde. Die rund 27 000 Überlebenden gingen in Gefangenschaft. Einen Tag später fiel auch die Verteidigungslinie südlich von Stalingrad, gehalten von der 4. rumänischen Armee. Erst die in diesem Abschnitt stationierten deutschen Truppen vermochten den Vormarsch für einige Zeit zu behindern. Doch die endgültige Einkesselung war nicht mehr aufzuhalten. Am 22. November war sie abgeschlossen. An diesem Tag erreichte Paulus ein Funkspruch Hitlers: «Die 6. Armee ist vorübergehend von russischen Kräften eingeschlossen. Ich kenne die 6. Armee und ihren Oberbefehlshaber und weiß, dass sie sich in dieser schweren Lage tapfer halten wird. Die 6. Armee muss wissen, dass ich alles tue, um ihr zu helfen und sie zu entsetzen!» Paulus bittet den «Führer» am Tag darauf «nochmals um Handlungsfreiheit». Andernfalls gehe die 6. Armee «in kürzester Zeit der Vernichtung entgegen». Doch Hitler bekräftigt seinen Haltebefehl. Wer geglaubt hatte, gegenüber dem erbitterten Häuserkampf in der Trümmerwüste Stalingrads sei keine Steigerung mehr möglich, sah sich, sofern er überlebte, in den nun kommenden Wochen eines Besseren belehrt.

6. «Stalingrab» – Hunger, Verwundung, Tod

Wenn je «Stendhals Paradox» in einer Schlacht zugleich bestätigt und widerlegt wurde, dann in der von Stalingrad. Das Paradox, destilliert aus den Erlebnissen des Protagonisten in Stendhals Roman «Die Kartause von Parma», Fabricio del Dongo, der auf dem Schlachtfeld von Waterloo umherirrt, verdankt sich der Einsicht, dass gerade der Augenzeuge einer Schlacht, d. h. der unmittelbar visuell, temporär und räumlich an den Ereignissen Beteiligte, zumeist kaum wirklich weiß, wie und vor allem was ihm geschieht. Lew Tolstoi, der in seinem großen Roman «Krieg und Frieden» versuchte, dieser potenziellen «Blindheit» des Augenzeugen Rechnung zu tragen, hat in seinen grundsätzlichen Reflexionen über die Darstellbarkeit einer Schlacht dazu aufgefordert, sich sofort nach ihrem Ende zu den Truppen zu begeben und sie nach den Ereignissen des Kampfes zu fragen. «Man wird Ihnen erzählen, was alle diese Leute durchlebt und gesehen haben, und in Ihnen wird sich ein erhabener, komplizierter, unendlich mannigfaltiger und bedrückend unklarer Eindruck herausbilden.» Niemand, so Tolstoi weiter, seien es die «hohen und niederen Chargen» und «am allerwenigsten» der Oberbefehlshaber, wird den eigentlichen Schlachtenverlauf schildern können. «Aber nach zwei, drei Tagen werden die Berichte geschrieben, Schwätzer beginnen zu erzählen, wie das gewesen ist, was sie nicht gesehen haben (...).»

Tolstois Einschätzung liest sich heute und bezogen auf die Schlacht von Stalingrad wie eine Vorwegnahme späterer Mythen- und Legendenbildungen. In den Tagen und Wochen der Kämpfe selbst aber wusste nach den vorliegenden Augenzeugenberichten nahezu jeder der im Kessel, oder wie es in der Sprache der obersten Führung hieß: in der «Festung Stalingrad», eingeschlossenen Soldaten und Offiziere, in welcher dramatischen Lage sich die 6. Armee befand. Und wusste es doch zugleich nicht, blieb bestimmt von Hoffnungen, durchtränkt vom «Glauben an den Führer», der in seinem irrationalen Charakter gleichsam proportional zur Irrationalität der je eigenen Lebenssituation an Intensität zunahm, litt unter der Sehnsucht nach der Heimat und der Trauer um getötete Kameraden, geriet mehr und mehr in eine sozial und psychisch geprägte Isolation, in deren Kontext der allbeherrschende Hunger, die barbarische Kälte und die Angst vor Verwundung und Tod sowie nicht zuletzt vor dem «Feind» und der Gefangenschaft alles noch Lebendige prägte und alle möglichen Deutungen und Phantasien einer möglichen Rettung schließlich kontaminierte.

In dieser sozialpsychologischen Gemengelage, in der Marc Bloch, bezogen auf den Ersten Weltkrieg, das «Labor des Krieges» ausmachte, grassierte vor allem das Gerücht als wesentlicher Teil bei der Verarbeitung spärlich verbreiteter Informationen. Der französische Historiker hatte für die Westfront während des Ersten Weltkriegs einst untersucht, in welchem Ausmaß es angesichts der räumlichen Isolation ebenso wie durch die nur wenig aussagekräftigen Nachrichten von «hinten» und das ihnen durch die «Grabengesellschaft» entgegengebrachte prinzipielle Misstrauen «zu einer wundersamen Wiederkehr der mündlichen Überlieferungen, der antiken Mutter der Legenden und Mythen» gekommen war. Die Präsenz und Zähigkeit der Gerüchte in Stalingrad wurde noch erleichtert durch die zunehmende Ermattung der Soldaten, ihre physische und psychische Auszehrung. Aber auch ihre Sehnsucht nach Erlösung aus misslicher Lage und die vielfach in ihrem festen Glauben an den «Führer» wurzelnde Überzeugung, alles werde glücklich ausgehen, spielten dabei eine wichtige Rolle.

Vor diesem Hintergrund konnte jede JU-52, die es in den letzten Wochen noch in den Kessel schaffte, als Sendbote kommender Fressorgien, jedes von weit her durchdringende Motorengeräusch oder entfernter Schlachtenlärm als eindeutiges Signal der bevorstehenden Befreiung wahrgenommen werden. Der bevorstehende Einsatz von Luftlandedivisionen oder sich durchkämpfenden Waffen-SS-Einheiten wurde beschworen – und ein Verrat des Oberbefehlshabers Paulus vermutet, wenn sich solche Wunschträume als illusionär erwiesen. Aber es war nicht nur gleichsam das Naheliegende, auf das sich alle Soldatenträume konzentrierten und das im schnell die Runde machenden Gerücht zum Ausdruck kam. Auch geradezu weltpolitische Veränderungen wurden zum Gegenstand von Gerüchten. So wurde kolportiert, das große China habe den USA und Großbritannien den Krieg erklärt, desgleichen die Türkei und Spanien, eine massive Veränderung in den Koalitionen sei mithin zu erwarten, die endlich auch zur Rettung der 6. Armee führen werde. Vor allem den «Führer» selbst, der womöglich im Irrsinnsglauben manches Soldaten und Offiziers gar nicht richtig darüber informiert war, was in Stalingrad geschah, umstrahlte die Gloriole des nimmermüden Retters. War er nicht sogar kurzfristig eingeflogen worden, um den «Ausbruch» vor Ort zu organisieren?

Das Überleben bis zum Tod oder bis zu Gefangennahme – nur etwa 25 000 Angehörige der 6. Armee, andere Schätzungen sprechen von über 30 000 Männern, zumeist Verwundete und Waffen-Spezialisten, werden ausgeflogen – steht für die Männer spätestens ab Dezember 1942 ganz im Schatten des Hungers und der Kälte. Zu keinem Zeitpunkt kann das von Göring großspurig gegebene Versprechen erfüllt werden, die Versorgung der Armee aus der Luft zu gewährleisten. Streunende Katzen, Hunde und Ratten sind in der Stadt nicht mehr sicher. Mindestens 500 Tonnen an Lebensmitteln braucht die Armee täglich, knapp 100 schafft die Luftwaffe im Durchschnitt, am Ende nicht einmal mehr 30 Tonnen, bis der spärliche Nachschubstrom ganz versiegt. Grippe und Durchfallerkrankungen töten die Geschwächten. Verletzte können nicht versorgt werden, Erfrierungen machen schnelle Amputationen notwendig, bis zu minus 35°C sinkt die Temperatur, viele haben nichts als ihre Sommeruniform am Leibe. «Können Sie sich denn überhaupt vorstellen, dass sich die Soldaten auf einen alten Pferdekadaver stürzen, den Kopf aufschlagen und das Gehirn roh verschlingen?», fragt Generaloberst Paulus am 19. Januar 1943 einen in den Kessel geflogenen Vertreter der Luftwaffe. Seine Erregung über die Lage und sein Mitgefühl für die Soldaten hindern ihn allerdings nicht, bis zum Ende Funksprüche an Hitler abzusetzen, die dem «Hungerexperiment großen Stils», wie es der Generalstabsarzt Renoldi am 6. Januar 1943 formuliert, die verlogene Weihe eines Heldenepos zu verleihen suchen.

Zur Kälte und zum Hunger kommen die Anforderungen und der ständige Lärm der Schlacht. Im Straßen- und Häuserkampf – mitunter sind die einzelnen Stockwerke eines Hauses bis hinunter zum Keller jeweils abwechselnd von Rotarmisten und Wehrmachtssoldaten besetzt – explodieren Granaten mit viel größerer Wucht als im freien Gelände und die Gefahr, von Querschlägern und Granat- und Gesteinssplittern getroffen zu werden, ist ebenso immens wie die Möglichkeit, durch die Bomben deutscher oder sowjetischer Flugzeuge getroffen zu werden, die aus der Luft kaum eine Möglichkeit haben, zwischen den sich eng gegenüberliegenden eigenen und feindlichen Soldaten zu unterscheiden. Ein Panzeroffizier berichtet: «Die Luft ist erfüllt vom infernalischen Heulen der stürzenden Stukas, dem Donnern der Flak und Artillerie, vom Brummen der Motoren, dem Klirren der Panzerketten, dem schrillen Kreischen der Stalinorgeln. Verwundete schreien, aus der Ferne schallt das Rattern von Maschinenpistolen herüber, und ab und zu verspürt man den Gluthauch der an allen Ecken und Enden brennenden Stadt.»

Selbst in den wenigen Stunden, da der chaotische Lärm abnahm und die Gefahr gemindert schien, waren die Soldaten im Visier von Scharfschützen, die jede Bewegung unterbanden oder sofort für einen zumeist tödlichen Schuss nutzten. Wer aber schwer verletzt liegen blieb, womöglich durch den Hunger zusätzlich geschwächt, der «war schon so gut wie tot». Es blieb, wie es Theodor Plivier in seinem unmittelbar nach den Ereignissen entstandenen, dokumentarischen Roman «Stalingrad» formulierte, «nur die Wahl zu sterben oder wahnsinnig zu werden – aber das ist nicht wahr, es ist eine rhetorische Umschreibung des wahren Zustandes. Es gibt da eine lange Stufenleiter der Erscheinungen, Zitterbewegungen, Gefühllosigkeit, Schreikrämpfe, Gebete, unwillkürliche Entleerungen, das alles gibt es und gab es hier im Umkreis (...). Und die Hosen ‹voll› zu haben, ist nicht das Schlimmste. Nach fauchend krepierender Granate den Kopf herumreißen, dann, vom Schrecken gelähmt, die Muskeln nicht mehr bewegen können und mit erstarrtem bewegungslosem Genick ausharren und sich einem Bajonettangriff ausliefern zu müssen, (...) ist schlimmer.»

Vor diesem infernalischen Schlachtenhintergrund – in einigen Feldpostbriefen ist nun nur noch von «Stalingrab» die Rede – war das bevorstehende Weihnachtsfest für die Soldaten und Offiziere der 6. Armee von besonderer Bedeutung. Für manche ersetzten die noch lebenden Kameraden die vermisste Familie und für sie und die gemeinsame Feier in den Unterständen und Erdlöchern begannen die Landser, so wird berichtet, mitunter schon Anfang Dezember, etwas von der spärlichen Verpflegung zu sammeln, um es zusammen mit Schnitzereien, Zeichnungen und selbst gebastelten, aus ein paar gefundenen Zweigen und Ästen zusammengesetzten Adventskränzen oder gar geschnitzten Tannenbäumchen zu verschenken oder die Unterkünfte auszuschmücken.

In dieser «Festtagsstimmung» entstand auch eine der bekanntesten Hinterlassenschaften des Stalingrader Kessels, die so genannte, heute in der Berliner Kaiser-Wilhelm-Gedächtniskirche ausgestellte «Festungsmadonna» (siehe Seite 6). Die Zeichnung von Kurt Reuber, Theologe und mittlerweile als Arzt in der 16. Panzerdivision dienend, zeigt eine marienartige Frauengestalt im weiten Gewand, die mit ihren Händen zärtlich den Kopf eines Kindes umfasst, versehen mit einer Bildlegende aus den Worten des Evangelisten Johannes: «Licht, Leben, Liebe». Reubers Bild entwickelte sich schnell zu einer in seinem Bunker bestaunten Ikone für die Eingeschlossenen – Ausdruck der verbreiteten Sehnsucht nach einer so weit entfernten wie immer wieder erträumten Intimität der Geborgenheit.

6. «Stalingrab» – Hunger, Verwundung, Tod

Für ein paar Wochen ersetzte das Gespräch über das bevorstehende Weihnachtsfest sogar die anderen großen Themen im Kessel: die Chancen eines Ausbruchs bzw. des gerade laufenden Entsatzversuchs durch Generaloberst Hermann Hoths Panzerdivisionen – und die vor allem unter Stabsoffizieren heiß diskutierte Frage, ob die vor Weihnachten bekannt gewordenen Beförderungen sich mit dem Berufsethos des deutschen Offiziers vertrugen. Diese Beförderungen betrafen nicht allein den Oberbefehlshaber Paulus, der am 1. Januar 1943 zum Generaloberst und bekanntlich unmittelbar vor der endgültigen Aufgabe der 6. Armee noch am 31. Januar 1943 zum Feldmarschall befördert worden war. «Lebhaft diskutiert und besprochen», so der im Auftrag Zeitzlers am 25. November als Verbindungsoffizier zum Generalstab nach Stalingrad eingeflogene Major Cholestin von Zitzewitz, wurden in diesen vorweihnachtlichen Tagen «die durch den Chef des Personalamtes neu herausgegebenen Beförderungsbestimmungen, wonach alle ein halbes Jahr in ihren Stellungen befindlichen Offiziere zum nächsthöheren Dienstgrad befördert werden können nach einem festgelegten Stellenplan. Generaloberst Paulus ist befugt, von sich aus diese Beförderungen für alle ihm unterstellten Einheiten von Heer und Luftwaffe auf Grund der besonderen Lage mit sofortiger Wirksamkeit auszusprechen. Zahlreiche Beförderungen sind nun zu Weihnachten herausgekommen.»

Kritisiert wurde vor allem das Unsystematische der sich daraus ergebenden Beförderungspraxis. Es sei schon erstaunlich, so von Zitzewitz, der den Kessel noch am 20. Januar 1943 wieder verlassen konnte, «wie sehr die Gedanken der Menschen, die doch gewiss andere und größere Sorgen und Nöte haben, sich mit diesem Problem beschäftigen». Freilich wurden selbst in den Stabsquartieren der Armee solche Diskussionen mehr und mehr überdeckt von den Auswirkungen des Hungers und der Kälte – an den beiden Weihnachtsfeiertagen herrschten 35 Grad Frost – sowie der unter anderem daraus resultierenden abnehmenden Widerstandskraft. «Alles hat ruhrartigen blutigen Durchfall», vermerkt von Zitzewitz.

Im Grunde offenbarte sich in den Diskussionen um den Beförderungserlass der alte Gegensatz zwischen der Front und der Etappe, zwischen kämpfender Truppe und den Stäben, in denen die Befehle und Weisungen für das tägliche Kampfgeschehen ausgearbeitet wurden. Hier herrschte mitunter auch noch in der Zeit des Kessels, der immer enger eingeschnürten und hungernden Armee, eine etappenähnliche, kriegsferne Routine, zu der die morgendlichen Gymnastikübungen des Stabspersonals ebenso gehören konnten wie relativ üppig bestellte Tafeln, Kasinoabende und alkoholische Exzesse nach Beförderungen. In dieser Retorten-Atmosphäre, in dieser imaginären, der Realität kleiner «Verteidigungsnester» entfremdeten, zumeist bunkerhaft-unterirdischen Welt strategischer Diskussionen und immer noch scheinbar vorhandener, taktischer Möglichkeiten wurden die großspurigen und völlig irrealen Durchhaltebefehle des «Führers» und des Oberbefehlshabers Paulus besprochen und gewendet und in der harten Münze kleinerer «Gegenstöße» an die noch vorhandenen «Fronttruppen» weitergegeben.

Niemand anderer als Theodor Plivier hat dem daraus resultierenden Wahnsinn die so prosaische wie aufrüttelnde Gestalt gegeben, als er in seinem Roman «Stalingrad» einen seiner Protagonisten, den eben zum General beförderten Panzeroffizier Vilshofen, sagen lässt: «Zwanzig- und fünfundzwanzigjährige gesunde und starke und saubere Männer in nabel- und hodenbrüchige, knieschwammige, zitternde und stelzende Kreaturen verwandeln, und Geschöpfe, schon nicht mehr von dieser Erde, aus ihren Sterbelöchern wieder aufstöbern und zum Gegenstoß aufstellen, das halten Sie für erlaubt, Herr General? Erlauben Sie, was ist es denn, was sage ich denn? Ich sage: Front und Stab sind zwei Welten!»

Obwohl sich Landser und Offiziere alle Mühe gaben, ein Weihnachtsfest «wie zu Hause» zu inszenieren, musste der Versuch an den alltäglichen Widrigkeiten notwendig scheitern. Überdies waren noch vor Weihnachten die Entsatzoperationen durch Hoth endgültig gescheitert und gleichzeitig die Versorgungslage auf einem absoluten Tiefpunkt angelangt. «Wir hatten», schreibt ein Soldat am 30. Dezember nach Hause, «dieses Jahr ein trauriges Weihnachtsfest, ohne Kerzen, ja selbst ohne alles, nichts haben wir gehabt, was auf Weihnachten andeuten könnte.» Ein anderer berichtet seinem ehemaligen Arbeitgeber, dass die weihnachtliche Verpflegung «gerade nicht toll» war. «Es gab über Weihnachten 200 Gr. Brot, an Aufstrich gab es 400 Gr. Rindfleisch und 18 Zigaretten.»

Das war freilich in seiner Kümmerlichkeit immer noch mehr als die teils mit eingekesselten rumänischen Soldaten der 3. Armee zu essen bekamen, in der zudem auch in dieser Notsituation eisern der feudal überkommene Grundsatz durchgehalten wurde, an Soldaten, Unteroffiziere und Offiziere je unterschiedlich große Rationen zu verteilen. Schnell sprach sich herum, dass in den nur noch spärlich eintreffenden Versorgungsflügen die Weihnachtspost als transportwürdiges Gut an letzter Stelle stand. Freilich fanden sich mitunter in der noch eingehenden Weihnachtspost auch Briefpassagen, die in aller Unbekümmertheit von weihnachtlichen Festessensvorbereitungen berichteten und damit unwissentlich die Qualen der Eingeschlossenen verschlimmerten. «Gestern abend die Gans angebraten», schrieb eine Frau an ihren Mann einen Tag vor Heiligabend, «das Biest ist recht fett ich konnte nicht mehr hinsehen. Komisch ist das, dann dreht sich einem der Magen. Jetzt habe ich morgen aber nicht mehr die viele Arbeit damit.» Vor allem aber fielen mit den ausfallenden Postflügen die heiß ersehnten «Fresspakete» weg, auf die sich bei manchem alle Phantasien konzentriert hatten. «Der Hunger», so ein Soldat an seine Mutter, «ist zu toll. Ein Stückchen trocken Bot schmeckt wie Kuchen. Man hat nur nicht jeden Tag was. Könnte ich doch nur jetzt zu Hause sein, am Tisch sitzen und trocken Brot essen. Mehr wollte ich gar nicht.»

Ähnliche profane Sehnsüchte werden indessen, wenn sie überhaupt noch eines Gedankens fähig waren, auch die rund 3500 sowjetischen Gefangenen in den Lagern Woroponow und Gumrak umgetrieben haben. Ihr Hungertod war schon vor dem 24. Dezember kaum aufzuhalten und es wird in Schätzungen von zwanzig Hungertoten und mehr pro Tag ausgegangen. Offiziell wurde ihr Massensterben dem grassierenden Typhus angelastet, der sicherlich auch eine Rolle spielte, aber doch nicht die eigentlich entscheidende. Für sie jedenfalls rührte sich keine Hand, auch nicht während des Festes der Liebe.

Man wird diese, im Kontext der deutschen Kriegführung gewohnheitsmäßige Unmenschlichkeit pauschal nicht dem einfachen deutschen Soldaten vorhalten dürfen, zumal nicht im Stalingrader Kessel zur Jahreswende. Nicht zuletzt blieb er auch selbst in diesen Wochen und Monaten das Ziel institutionell verfestigter Inhumanität. So wurde etwa gerade in den Weihnachtstagen in Gestalt des Generalstabsarztes Renoldi das Ausfliegen all jener Soldaten strikt untersagt, die unter schwersten Erfrierungen litten. Es könne sich ja, so Renoldi in der unter Militärärzten so typischen Sprache der Simulantenhatz und Feigheitssuche, um Selbstverstümmler handeln, die der Katastrophe zu entkommen suchten. Tatsächlich mehrten sich ab Ende November 1942 die Selbstverstümmelungen deutscher Soldaten im Kessel; das Beibringen von Schuss- oder Hiebverletzungen oder eben auch die bewusste Herbeiführung oder Beschleunigung von Erfrierungen an Händen, Füßen, Nasen und Ohren waren gängige Methoden. Wer als «Drückeberger», deren Zahl ebenfalls rapide zunahm, in den «weitverzweigten Trümmern» der Stadtruine versuchte, dem Inferno zu entfliehen, konnte sich seines Überlebens nicht sicher sein. Denn außer der gefürchteten Gefangenschaft, warteten auf ihn auch Kommandos der Feldpolizei, die, wie von Zitzewitz zustimmend berichtet, «dauernd unterwegs» waren, «um Drückeberger und Fahnenflüchtige (...) ausfindig zu machen». Sie blieben auch über Weihnachten auf der Suche.

Das eigentliche Weihnachtsfest war dann schon ganz integriert in die von Goebbels in ersten Ansätzen arrangierte Totenfeier. Wer im Kessel das Glück hatte, in einem Bunker oder Unterstand mit Radio zu sitzen, konnte im großdeutschen Rundfunk hören, was sich der Propagandaminister unter einer «deutschen Weihnacht» vorstellte. Der konkrete Raum des Stalingrader Kessels war längst zu einen imaginären erweitert worden. Ein pathetische Stimme rief in den Äther hinein nacheinander alle Frontabschnitte auf, an denen die Wehrmacht ihre «Wacht» hielt, immer eingeleitet mit den Worten «Ich rufe...». So kam auch «Stalingrad» an die Reihe und eine von Knisterge-

6. «Stalingrab» – Hunger, Verwundung, Tod

räuschen kaum beeinträchtigte Stimme meldete so pompös wie militärisch knapp und zur großen Überraschung der Eingeschlossenen «Hier Stalingrad!» Dann folgte, vermeintlich durch Soldaten aller aufgerufenen Kampffronten, das Absingen von «Stille Nacht, heilige Nacht» – eine rührselige Inszenierung, die in erster Linie auf die Heimatfront zielte und dort ihre Wirkung offensichtlich auch nicht verfehlte. Im Kessel selbst, in dem schon während der Sendung klar wurde, dass «die Sache getürkt» war, reichte die Skala der Empfindungen – parallel zur Nähe oder Ferne zum eigentlichen Kampfgeschehen – von völlig abgestumpfter Gleichgültigkeit bis zur hellen Empörung. Allein an diesem 24. Dezember 1942 starben in Stalingrad über 1200 Wehrmachtssoldaten an Hunger und Entkräftung, an ihren Verwundungen oder durch feindliche Kugeln.

Auch ein erhofftes «Weihnachtswunder» war ausgeblieben. Sein konkreter Hintergrund bestand in der seit Mitte Dezember angelaufenen Entsatzoperation «Wintergewitter», die, von Generalfeldmarschall Manstein geplant, eine Art Korridor durch die sowjetischen Einkreisungsarmeen schlagen sollte, durch den die 6. Armee wieder mit Nachschub versorgt werden konnte, um weiter und gemäß den Befehlen Hitlers bis in das Frühjahr 1943 hinein in Stalingrad aushalten zu können. Insgeheim ließ Manstein, der diesen Plan im Grunde für im Ansatz verfehlt hielt, aber es wie gewöhnlich nicht wagte, dem «Führer» zu widersprechen, einen zweiten Plan (Operation «Donnerschlag») ausarbeiten. Er sah vor, den erkämpften Korridor gleichsam als Flucht- oder Evakuierungsweg für die 6. Armee zu nutzen, die sich in Ausbruchskämpfen den Entsatztruppen zu nähern hatte.

Die Planung, der zeitliche Ablauf ihrer Umsetzung und das Verhalten beider Armeeführer, das von Paulus und jenes seines Vorgesetzten Manstein, liefern neuerlich bestürzende Beispiele für das ganze Ausmaß fehlender Charakterstärke unter deutschen Generälen zu diesem Zeitpunkt; wenn es darauf ankam, zogen sie sich auf den zur bloßen Unterwürfigkeit verkommenen soldatischen Gehorsam zurück. Abgesehen davon, dass die Entsatzoperation – nach zu spätem Beginn – angesichts sowjetischer Gegenangriffe bald scheiterte, war sowohl Manstein nicht in der

Lage, das Verbot Hitlers für die Operation «Donnerschlag» zu missachten, als auch Paulus unfähig, ohne ein autoritatives Wort seines direkten Vorgesetzten Manstein einen Ausbruch selbstständig anzuordnen. Sie hatten es zuvor nicht gewagt und auch jetzt nicht, im Verlaufe der zweiten Dezemberhälfte, da die 6. Armee indessen auch gar nicht mehr in der Lage war, mit den ihr verbliebenen Kräften den Ausbruch zu versuchen.

In den Berichten der Feldpostprüfstellen wird überdeutlich, dass nach Weihnachten die Stimmung der soldatischen «Trümmergesellschaft» rapide sank. In drei überlieferten Berichten über die Kessel-Post durch die Feldpostprüfstelle des Panzer-Armeeoberkommandos 4, von dem Truppenteile in Stalingrad lagen, können die Stationen dieser Stimmungsverschlechterung nachvollzogen werden. In der Sprache ähnlich wie ihre Vorläufer im Ersten Weltkrieg, in der Sache, der Zensur und Strafverfolgung unbotmäßiger Briefautoren und ihrer Angehörigen, ungleich härter, waren die an das Oberkommando der Heeresgruppe Don gerichteten Berichte zunächst bemüht, in ihren Interpretationen zu konterkarieren, was die ausgewählten Zitate aus den geprüften Briefen teils klar aussprachen. Der Verfasser der Berichte, Rittmeister Dr. Graf von Zedtwitz, beschränkte sich im ersten Bericht, der den Zeitraum zwischen dem 14. und 22. Dezember umfasst, noch fast ganz auf allgemeine Einschätzungen aufgrund von 10 000 geprüften Briefen. Danach sei die Stimmung «zu 90 Prozent gefasst» und die der «Nerven zuversichtlich». Auch der zweite Bericht, den Zeitraum bis 9. Januar 1943 betreffend, kennzeichnet einleitend die Stimmung als «bis zu 70 Prozent unverändert gut», ja, sie zeuge «vielfach vom heldenhaften Willen, siegreich durchzuhalten», und sei nach wie vor geprägt vom «Vertrauen zum Führer», von dem sogar, so grotesk wie bezeichnend, angenommen wird, er habe sich kurzzeitig selbst im Stalingrader Kessel aufgehalten.

Allerdings haben nun auch schon «die Kräfte des Einzelnen sichtlich nachgelassen», viele hätten «den Mut» verloren und seien «mit den Nerven völlig» zusammengebrochen. Kurz: Die «Postdisziplin» habe sich in bedenklicher Weise aufgelöst, was sich indessen wohl nicht ändern lasse, «da die briefliche Aussprache bei vielen der einzige und letzte seelische Anker» sei. Als letztlich einziges positives Ereignis kann Zedtwitz die Ferntrauung eines Stalingrader Landsers vermelden, die insbesondere vom Bräutigam selbst «mit Begeisterung und Humor behandelt» wurde. Das verleitet den Autor des Berichts etwas voreilig zu der Schlussfolgerung: «Alles in allem gesehen: ein heldenhaftes Stimmungsbild einer ruhmreichen Besatzung!»

Erst der letzte Bericht, der von Silvester bis zum 16. Januar 1943 reicht, gelangt zu einer nunmehr offen realitätsnahen Einschätzung. Die eingangs benutzte Formulierung, mit «eisernem Heroismus» werde «weiterhin» das Unvermeidliche ertragen, wirkt seltsam matt angesichts der folgenden Briefpassagen. Ihre Direktheit verdankte sich ihrem Charakter als «Abschiedsbriefe», die sich insbesondere vor dem 13. Januar 1943 häuften, dem Tag, an dem die postalische Verbindung nach «draußen» endgültig eingestellt wurde. «Heute fiel», schreibt ein Soldat am 13. Januar, «ein Essenholer nach 50 Schritten vor Schwäche um und als wir mit ihm im Bunker ankamen, war er schon gestorben.» Und ein anderer: «Wenn das so weitergeht, dann werden wir alle verhungern. Wir sind alle so weit, dass sie mit uns machen können, was sie wollen.» Das konnten «sie» zwar auch zuvor schon, aber die Situation ließ sich nun einfach nicht in bessere Worte fassen als in jene, die ein Gefreiter an seine Frau schrieb: «Wir sind einfach fertig.»

Dennoch lehnte die deutsche Führung jedes sowjetische Kapitulationsangebot bis zum Schluss rigoros ab. Im Verlaufe des Januar versuchten immer wieder einzelne, kleinere Trupps von Stabsoffizieren, aber auch Soldaten und Offiziere von Kampfeinheiten, sich mit Erlaubnis ihrer Vorgesetzten durch die sowjetischen Einkreisungsverbände durchzuschlagen. Die Versuche endeten zumeist tödlich in der eisigen Steppe vor Stalingrad. Ebenfalls während des Januar begannen einige Reste ehemals kampfstarker Infanteriebataillone sich auf Befehl völlig desillusionierter Kommandeure zu ergeben. Doch Paulus konnte sich immer noch nicht entschließen, dem Feind die Kapitulation anzubieten. Als er am 22. Januar in einem Funkspruch Hitler bat,

Stalingrad nach der Kapitulation, 1943

ihm dafür die Erlaubnis zu erteilen, kam ein paar Stunden später die ablehnende Antwort.

Einen Tag später beginnt der letzte Akt. Der Roten Armee gelingt es in den kommenden drei Tagen, die noch kämpfenden Teile der 6. Armee in zwei kleinere, im Stadtgebiet zusammengedrängte Kessel aufzuspalten. Noch am 29. Januar sendet Paulus einen Glückwunsch-Funkspruch an den «Führer» anlässlich des bevorstehenden zehnten Jahrestages seiner Machtergreifung. «Noch weht die Hakenkreuzfahne über Stalingrad», schreibt Paulus. «Unser Kampf möge den lebenden und den kommenden Generationen ein Beispiel dafür sein, auch in der hoffnungslosesten Lage nie zu kapitulieren, dann wird Deutschland siegen.» Der Inhalt des Funkspruchs belegt, dass die Botschaften der Wehrmachtsberichte auch bei Paulus angekommen sind. Deren Diktion hatte sich in auffälliger Weise seit Mitte Januar verändert, im Gleichklang mit der von Goebbels organisierten Heimatpropaganda. Aus den «Angreifern» waren unversehens «Verteidiger» geworden, die in Stalingrad «seit Wochen im heldenmütigen Abwehrkampf gegen den von allen Seiten angreifenden Feind stehen», wie es im Bericht vom 16. Januar heißt. Sie gelten nun, so am 24. Januar, «als leuchtendes Beispiel besten deutschen Soldatentums», dessen nicht erlahmender «Einsatz starke feindliche Kräfte» binde. Damit wird nicht zuletzt auch zum ersten Mal offiziell zugegeben, dass die 6. Armee eingekesselt ist.

Am 30. Januar erreicht Paulus die Nachricht, er sei mit sofortiger Wirkung zum Generalfeldmarschall befördert worden. Das Kalkül Hitlers ist klar: Ein Feldmarschall wird sich nicht ergeben und in jedem Fall den Selbstmord oder den «Heldentod» in vorderster Linie der Gefangennahme vorziehen. Doch er täuscht sich, was Stalingrad betrifft, ein letztes Mal. Das hat indessen keine Auswirkungen mehr auf den Ausgang der Schlacht, doch sehr wohl für ihre sofort einsetzende propagandistische Verklärung. In den nun beschworenen «Heldenkampf» von Stalingrad wäre der «Heldentod» des Armeeoberbefehlshabers bestens integrierbar gewesen. Aber es geht auch ohne ihn.

III. Nach der Schlacht

«Nach außen hin ist eine Darstellung der Ereignisse
möglich, die schweren moralischen Schäden vorbeugt».
Oberst i. G. Clausius, Lagebericht der 6. Armee, 28.11.1942

I. «Heldenepos» – Die Verlierer

Noch im Chaos der Schlacht war schnell offenbar geworden, dass sich nahezu jeder der Beteiligten wenn nicht gleich um den Mythos der Schlacht, so doch auf jeden Fall über die Außenwirkungen der Geschehnisse mehr oder weniger ausführliche Gedanken machte. Zu ihnen gehörte etwa der Chef des Generalstabs des im Kessel eingeschlossenen LI. Armeekorps, der Oberst im Generalstab Clausius. Er verfasste einen Paulus bereits am 25. November 1942 zugestellten Lagebericht der 6. Armee; es war eine Art Memorandum, dem der besonnene und teils bis heute wegen seiner späteren Beteiligung am «Bund deutscher Offiziere» im Rahmen des «Nationalkomitees Freies Deutschland» als «Verräter» verleumdete General der Artillerie

Walther von Seydlitz (-Kurzbach) mit seiner Unterschrift mehr Gewicht verleihen wollte.

Für Clausius und seinen Chef von Seydlitz kam der Haltebefehl «zum Ausharren in der Igelstellung» militärischem Wahnsinn gleich. Die Empörung über den vorhersehbaren «Untergang in wenigen Tagen» führte sogar zu einem jener raren Momente, in denen sich außerhalb des militärischen Widerstands ein deutscher Offizier auf das eigene Gewissen berief. Gemeinsam mit der «gebieterischen Pflicht (...) gegenüber der Armee und dem deutschen Volk» erfordere es die Missachtung des Haltebefehls und den Versuch zur «aktiven Sprengung des Einkreisungsringes».

Das war im Kern eine Haltung, deren Ethos – ein mit dem Gewissen und der Ehre begründeter Ungehorsam – durchaus auf eine frühe preußische Tradition zurückgeführt werden konnte. In welchem Ausmaß sie mittlerweile abgeschliffen, ausgehöhlt und ins Gegenteil verkehrt worden war, zeigten indessen schon die handschriftlichen Anmerkungen des Generalstabschefs der 6. Armee, Generalmajor Arthur Schmidt, auf dem Bericht: «Wir haben uns nicht den Kopf des Führers zu zerbrechen und Gen. v. Seydlitz nicht den des O. B.» Da half es auch nichts, dass Clausius eine Sprachregelung für den Heeresbericht anbot, in der die angestrebte Befreiung aus dem Kessel als eine Art Sieg verbrämt wurde: «Nach außen hin ist eine Darstellung der Ereignisse möglich, die schweren moralischen Schäden vorbeugt: ‹Nach völliger Zerstörung des sowjetischen Rüstungszentrums Stalingrad ist die Armee unter Zerschlagung einer feindlichen Kräftegruppe von der Wolga abgesetzt worden.›»

Weitere Beispiele für diese noch militärinternen Sprachregelungen des Stalingrader Desasters ließen sich nennen. Selbst der Oberbefehlshaber Paulus vermochte seine Gefangennahme als «Überrumpelung» zu inszenieren. Der spätere Historiker Lew Besymenski, bei der Einschließung der 6. Armee als Oberleutnant dienend, wurde aufgrund seiner Sprachkenntnisse als Beobachter der gefangenen deutschen Generäle eingesetzt. In dieser Funktion wurde er auch Zeuge des ersten Verhörs von Paulus am 31. Januar 1943, das von einem Armeedolmetscher übersetzt wurde. Zu diesem Zeitpunkt hatten kleinere Gruppierungen deutscher Soldaten und Offiziere den Kampf immer noch nicht aufgegeben; es war daher ein zentrales Anliegen der Sieger, den deutschen Oberbefehlshaber für einen allgemeinen Kapitulationsaufruf zu gewinnen.

Paulus, der beim Betreten des Verhörraums die Anwesenden mit erhobener Rechter begrüßte und zunächst darauf hinwies, er sei am Vortage zum Generalfeldmarschall befördert worden, lehnte das Verhör als «eines Soldaten unwürdig» ab. «Wieso unwürdig», entgegnete ihm General Woronow, «wo doch selbst der Oberbefehlshaber sich hat gefangen nehmen lassen?» Worauf Paulus antwortete: «Nein, ich habe mich nicht ergeben, ich wurde überrascht», was indessen, wie Besymenski zu Recht anmerkt, «nicht stimmte, weil es (...) längere Verhandlungen vor seiner Gefangennahme gegeben hatte».

Auch jene Soldaten, die in ihren Feldpostbriefen aus dem Kessel gleichsam an ihrer «Biographie auf Befehl» schrieben, wie es der Historiker Klaus Latzel formulierte, versuchten auf ihre Art, den Geschehnissen eine akzeptable Außendarstellung und damit zugleich einen Sinn zu geben, der mit jenem, der von der heimatlichen öffentlichen Meinung propagiert wurde, kompatibel war. Dabei scheuten manche Briefschreiber auch nicht vor großen, teils pathetisch-nationalistischen Sprachgesten zurück. Sie reichten von schicksalhaft bestimmter Ergebenheit – «Man muss eben aushalten, und darf den Kopf nicht hängen lassen» – über trotzig bekundete Siegeshoffnung, in der die «Befreiung aus dem Kessel» mit der Gewissheit verbunden wurde, «der Russe» werde dann «seinen letzten vernichtenden Schlag erhalten», bis zur völligen Verblendung: «Ich bin stolz, mich zu den Kämpfern und Verteidigern von Stalingrad zählen zu dürfen. Mag es kommen, wie es will – wenn es sein soll, dass ich falle, so habe ich schon heute die Genugtuung, am östlichen Zipfel der Abwehrkämpfe an der Wolga für mein Heimatland, für unseren Führer, für die Freiheit unseres Volkes mein Leben eingesetzt zu haben.»

Im Grunde waren das Bewältigungsmuster, die selbst noch in der Gefangenschaft dem einen oder anderen der Überlebenden tragfähig schienen. Es wird berichtet, dass Stalingrader Gefangene 1944 «Führers Geburtstag» feierten, ihr Exemplar von

«Mein Kampf» durch viele Lagerjahre (versteckt) mit sich trugen und oft noch bis 1945 an den deutschen Endsieg glaubten – lebendige Belege für den fanatischen Glauben an den «Führer», der sich umso intensiver gab, je hoffnungsloser die allgemeine wie persönliche Lage wurde. Für diese Überlebenden mag zutreffen, was ein Landser schon im Oktober 1941 bündig als Credo für sich und seine Kameraden formuliert hatte: «(...) für uns sind die Führerworte ein Evangelium.»

Bildeten solche Bekenntnisse die Ausnahme? Angesichts der Masse der Feldpostbriefe und der Vielfalt unterschiedlicher Motivationen ist das eine schwer zu beantwortende Frage. Die scheinbar völlige Internalisierung der NS-Ideologie, die geradezu religiöse Verehrung des «Führers» und die Verdrehung von Opfern und Tätern – in deren Kontext endlich aus dem Überfall auf die Sowjetunion ein das europäische Abendland rettender «Abwehrkampf an der Wolga» wird – sind jedenfalls noch kein schlüssiger Beleg für die daraus von jedem Einzelnen abgeleiteten Handlungsmaximen. Mit anderen Worten: Wer an einem Tag in seinen Briefen nach Hause seine Treue zum «Führer» oder seinen bedingungslosen Glauben an den «Endsieg» beschwor, konnte am darauffolgenden Tag durchaus versuchen, sich selbst zu verstümmeln, um mit einer der letzten Maschinen vielleicht doch noch evakuiert zu werden.

Es findet sich darüber hinaus auch eine große Zahl von Briefen, in denen die Sprache des Zorns, der Hilflosigkeit, der Trauer und Empörung, der Sehnsucht nach den Angehörigen und der Heimat vorherrschend ist, wobei sich die Verfasser immer weniger um die Zensur zu kümmern schienen. Von welcher Intensität dieser allenfalls von den zumeist unbeholfenen Versuchen, «die zuhause» nicht allzu sehr in Angst und Schrecken zu versetzen, eingeschränkte Schrei der Verzweiflung war, zeigte sich nach dem Ende der Kämpfe, da die Auslieferung der letzten aus dem Kessel gelangten Briefsendungen an die Angehörigen verboten wurde. Dieses Verbot wurde schnell auf alle eintreffende Post von bei Stalingrad gefangen genommenen Soldaten und Offizieren ausgedehnt. Die Legende einer «bis zur letzten Patrone» kämpfenden und sterbenden Armee durfte nicht getrübt werden.

1. «Heldenepos» – Die Verlierer

Von dieser Maxime war schließlich auch jede offizielle und inoffizielle Reaktion auf den Untergang der 6. Armee seitens der Führung bestimmt. Im Mittelpunkt standen dabei – neben der namentlich von Hitler selbst verfolgten Suche und Identifizierung von Sündenböcken, die er vor allem in den verbündeten Armeen fand – die Lüge und die hybride, autosuggestive Kraft des bedingungslosen Siegeswillens im Schatten der Katastrophe. Vor diesem Hintergrund ist es für den «Führer» völlig unverständlich, dass sich Paulus gefangen nehmen ließ. Gerade in dem Moment, da die Wirklichkeit alle versprochenen und herbeiphantasierten Entsatzversuche der 6. Armee ad absurdum geführt hatte, blieb in Hitlers Sicht nur der Selbstmord als Lösung übrig. «Wie leicht ist so etwas zu machen!», ereiferte er sich während einer Lagebesprechung im Hauptquartier unmittelbar nach Paulus' Gefangennahme, «die Pistole – das ist doch eine Leichtigkeit. Was gehört schon für eine Feigheit dazu, vor dem auch noch zurückzuschrecken.» Noch in seinem «Politischen Testament», verfasst unmittelbar vor seinem Selbstmord im «Führerbunker» unter der Berliner Reichskanzlei, beklagt er in einer Schlusspassage – ohne dass die Namen «Stalingrad» oder «Paulus» fallen – ganz allgemein das Verhalten der Offiziere des Heeres. «Dereinst» solle es «zum Ehrbegriff des deutschen Offiziers gehören – (...), dass die Übergabe einer Landschaft oder einer Stadt unmöglich ist und dass vor allem die Führer hier mit leuchtendem Beispiel voranzugehen haben mit treuester Pflichterfüllung bis in den Tod.»

Die Herrschaft der Lüge und der Hybris bestimmte indessen auch schon im Vorfeld der Niederlage die Wahrnehmung des Geschehens. Kurz bevor sich der Ring der sowjetischen Truppen um die 6. Armee schloss, verkündete Hitler in einer Rede vor «alten Kämpfern» im Löwenbräukeller in München am 8. November 1942, die Stadt – «ein ganz wichtiger Punkt» – sei schon genommen: «(...) wissen Sie – wir sind bescheiden, wir haben ihn nämlich!» Dass noch gekämpft werde, liege allein daran, dass dort «noch ein paar ganz kleine Plätzchen» seien. «Nun sagen die anderen: Warum kämpfen Sie denn nicht schneller? – Weil ich dort kein zweites Verdun haben will, sondern es lieber mit ganz kleinen Stoßtrupps mache. Die Zeit spielt dabei gar keine Rolle. Es kommt kein Schiff mehr die Wolga hoch. Und das ist das Entscheidende!»

Im Kern war das eine doppelte Lüge, denn weder war Stalingrad erobert noch hatte der Charakter der anhaltenden Kämpfe den Sinn, die Zahl der Toten zu minimieren. Genau das aber wollte er mit der Nennung der so verlustreichen wie in der deutschen Erinnerung immer noch präsenten Schlacht bei Verdun während des Ersten Weltkriegs suggerieren: keine sinnlosen Opfer, keine – in direkter Analogie zu Verdun – «Blutmühle Stalingrad», kein «gigantisches Massenmorden». Aus dem Munde Hitlers klang dieses Mitgefühl für die Soldaten Stalingrads seltsam, ja, moralisch anmaßend, zumal er in der gleichen Rede ausdrücklich den Kampf gegen das «internationale Judentum» beschwor und «Stalingrad» in diesem Zusammenhang nur deshalb auftauchte, weil er suggestiv die Frage stellte, was überhaupt den sicheren Sieg in diesem Kampf gefährden könnte.

Nach Eintritt der kaum leugbaren Katastrophe wurde nun aus ihrer Existenz selbst das vorgeblich Sinnvolle des Untergangs der 6. Armee herausgepresst. Dieser Vorgang stand in den folgenden Wochen vor allem unter zwei Prämissen. Die naheliegendste – und schnell in der Propaganda auch wieder vergessene – besagte, dass der Kampf der 6. Armee in entscheidender Weise sowjetische Armeen gebunden habe, die insbesondere, so Hitler in einer wie üblich mehrstündigen Rede vor Gauleitern am 7. Februar 1943, die Heeresgruppe A (die «Kaukasusarmee») bedroht hätten. Kurz, die Opferung der 6. Armee habe verhindert, dass «die Katastrophe die ganze Ostfront erfasste».

Die zweite Prämisse war längerfristig angelegt und eigentlich auch nicht neu. Aber die Formel von der Verteidigung und Rettung der «ganze(n) europäische(n) Zivilisation und Kultur», mithin der Kampf um das «Schicksal Europas», den Hitler bereits in seinem Aufruf an die «Soldaten der Ostfront» zu Beginn des Überfalls auf die Sowjetunion als letztlich eigentlichen Grund für den Krieg gegen die «jüdischen Machthaber der bolschewistischen Moskauer Zentrale» genannt hatte, wurde nun neuerlich und ab jetzt permanent zur Richtschnur der mentalen

Aufrüstung. Selbst «noch im Tode», wie es im «Völkischen Beobachter» bereits am 27. Januar 1943 hieß, habe «die Überlegenheit des europäischen Menschen und seines Geistes (...) die bolschewistische Bestie» besiegt.

Das Ausmaß dieser Lüge zeigte sich nur wenig später, als die Niederlage an der Wolga offenbar wurde. Insbesondere die von Göring am zehnten Jahrestag der «Machtergreifung» (30. Januar 1943) im Festsaal des Luftwaffenministeriums vor jungen Offizieren gehaltene Rede verdeutlichte öffentlich, dass eine ganze Armee «geopfert» werden sollte und eigentlich zum Zeitpunkt dieser Rede auch schon «geopfert» worden war. Von der «Ehre» des Soldaten sprach Göring, von den «Gesetzen der Kriegsführung», aber eben auch davon, dass die Wehrmacht für ganz Europa, das zu diesem Zeitpunkt freilich fast komplett von deutschen Truppen besetzt war, an der Wolga «auf Wacht» stehe. Da sei es «letzten Endes», wie Göring gewohnt brutal formuliert und damit zugleich die Grenzen des nationalsozialistischen Europas festlegte, «für den Soldaten gleichgültig, ob er bei Stalingrad, bei Rschew oder in der Wüste Afrikas oder oben im Eise Norwegens kämpft und fällt». «Wohl alle fühlten», so Joachim Wieder über jene wenigen Soldaten und Offiziere, die per Rundfunk die Ansprache live in Stalingrad verfolgen konnten, «dass sie vorzeitig ihre eigene Leichenrede zu hören bekamen». Göring bemühte von den 300 Spartanern am Thermopylenpaß bis zum Kampf der Nibelungen und Goten eine ganze Ahnengalerie von «Heroenkämpfen». Und es hat den Anschein, als musste die historische Legitimierung des Mythos proportional zur winzigen Verlorenheit der Teilkessel wachsen, die am 31. Januar und am 2. Februar 1943 den Kampf einstellten und damit, befehlstreu bis zum Letzten, nicht kapitulierten.

Die Rede Görings wurde am 2. Februar im «Völkischen Beobachter» in Auszügen unter dem Titel «Die Helden der 6. Armee» veröffentlicht. Sie stellt gleichsam den Versuch einer imaginären Okkupation der Erinnerung an die Schlacht dar. Der Literaturwissenschaftler und Schriftsteller Michael Kumpfmüller hat für diesen Vorgang die erhellende Formulierung gefunden, Göring habe es in seiner Rede unternommen, «der Schlacht von

Stalingrad ausgerechnet in dem Augenblick einen neuen (nämlich historischen bzw. mythischen) Raum zu erschließen, da der alte (nämlich geographische) Raum für immer an den rechtmäßigen Besitzer zurückgefallen ist». In diesem neu geschaffenen, historisch-mythischem Raum stand die untergegangene 6. Armee als «Bollwerk der historischen europäischen Armee», wie es in der «Sondermeldung aus dem Führerhauptquartier» am 3. Februar hieß.

Für Joseph Goebbels aber bot die Niederlage bei Stalingrad endlich die schon seit Monaten gesuchte Gelegenheit, die «Optik des Krieges», wie er schreibt, auf den «Totalen Krieg» hin zu fokussieren. Die gleichsam in eine Art Untergangsjubel ausbrechende Ansprache Görings bot ihm nur das Vorspiel. In seiner berühmten Rede («Wollt ihr den totalen Krieg?») im Berliner Sportpalast am 18. Februar 1943 vor ausgesuchtem Publikum, das aus rund 14 000 Zivilisten, Soldaten und Parteifunktionären bestand, tauchte «Stalingrad» nur am Rande und wörtlich gar nicht auf. Goebbels sprach allenfalls vom «tragischen Schicksalsschlag», vom «nationalen Unglück», das indessen nun zum Ursprung neuer, totaler Kriegsanstrengungen werden müsse, die sich nicht allein auf die alle Ressourcen ausschöpfende «Heimatfront» bezogen, sondern ebenso auf den Kampf gegen das «Judentum», die «Inkarnation des Bösen».

In zehn rhetorischen Fragen und ihrer jeweiligen Antwort durch die Masse des Zuhörer («Führer befiehl, wir folgen dir») wurde autosuggestiv und der alliierten Welt der Feinde zum Beweis das nach Stalingrad brüchig scheinende Bündnis zwischen Volk und «Führer» neu geschlossen. Goebbels schmückte nur aus, was der «Führer» vorgegeben und er sich schon Tage zuvor notiert hatte. Von der «europäischen Mission» sprach er, die die Deutschen mit ihrem Kampf gegen den «Bolschewismus» erfüllten, und – als wirksames Schreckensbild – von «jüdischen Liquidationskommandos», die im Falle der Niederlage Deutschland, ja, die «abendländische Menschheit» bedrohten.

Hinter all dem stand, was Hitler selbst in seiner schon zitierten Rede vor Gauleitern am 7. Februar in aller Deutlichkeit ausgeführt hatte: Entweder werde der Krieg mit der Herrschaft

Deutschlands in Europa enden oder das deutsche Volk werde seine «gänzliche Liquidierung und Ausrottung» erfahren. Das war zwar von Anfang an die mehr oder weniger offen ausgesprochene Wahnsinnsalternative, die den nationalsozialistischen Vernichtungskrieg im Osten bestimmte, aber durch «Stalingrad» trat ihr immer schon vorhandener, auf die «Selbstvernichtung» abzielender Wesenszug nun deutlicher hervor. Sieg oder Untergang, etwas anderes gab es nicht. Schuld an ihrem «Untergang» waren dabei jeweils die Opfer; sollten die Deutschen den Krieg verlieren, so hatten sie sich in Hitlers Augen als zu schwach erwiesen und es nicht besser verdient, die Juden aber und ihre «bolschewistischen Handlanger» hätten, so der diabolische Zirkelschluss, in der Absicht, wahlweise die «Weltherrschaft» zu erringen oder um sich gegen ihre «notwendige» Vernichtung zu verteidigen, den Krieg begonnen und würden nun selbst vernichtet. Bald nach der Sportpalastrede von Goebbels stimmte Hitler zu, die wenigen verbliebenen Angehörigen der Berliner Jüdischen Gemeinde zu deportieren. Im April 1943 wurde ihm in der verklausulierten Sprache der Mörder gemeldet, nahezu eineinhalb Millionen jüdische Frauen, Männer und Kinder hätten mittlerweile ihre «Durchschleusung» durch in Polen liegende Vernichtungslager erfahren.

Dem, was man «den Mehrwert von Erinnerungen gegenüber ihrer sozialen und kulturellen Vereinnahmung» nennen könnte, wurde im Hinblick auf die Stalingrader Katastrophe kaum mehr Raum gelassen. Die Toten waren schon zum Symbol geworden, noch bevor das Trauma der Vernichtung wirksam werden konnte – und gewiss auch, im Sinne einer zumindest angestrebten Totalisierung des Krieges, wirksam werden durfte. «Generale, Offiziere, Unteroffiziere und Mannschaften» der 6. Armee, mithin die authentischen Träger der Erinnerung, wurden im Wehrmachtsbericht vom 3. Februar 1943 kurzerhand inklusive der Gefangenen für tot erklärt – «Sie starben, damit Deutschland lebe» –, ihren Angehörigen und dem ganzen Land verordnete man hingegen eine dreitägige Staatstrauer vom 4. bis zum 6. Februar 1943; alle Kinos, Varietés und Theater blieben in diesen

Tagen geschlossen, der Rundfunk brachte zumeist «ernste» Musik von Beethoven oder Brahms. Selbst der großen Hitler-Anhängerin Winifred Wagner in Bayreuth wurde nun klar, dass eine «fürchterlich gefahrvolle Kriegslage» eingetreten war, wenngleich sie überzeugt blieb, «dass wir es schaffen, einmal weil wir es müssen, und einmal, weil wir den Führer haben».

Im Verlaufe der angeordneten Staatstrauer sollten indessen «Worte der Trauer» vermieden und durch eine «männliche, harte und nationalsozialistische Sprache» ersetzt werden. In der ersten «Tagesparole» des Reichspressechefs hieß es nur einen Tag nach der Auflösung des Stalingrader Kessels: «So sehr auch die Zeitungen in diesen Tagen eine heroische Haltung zeigen werden, so sehr ist es erwünscht, keine Worte der Trauer anzustimmen, sondern aus dem Opfer der Männer von Stalingrad ein Heldenepos zu machen – jedoch ohne Phrasen und Sentimentalitäten. Die Wunden», so heißt es zynisch vorausschauend, «die das Opfer von Stalingrad in vielen deutschen Familien schlägt, werden vernarben. Der heldenhafte Kampf von Stalingrad wird jedoch alle Zeiten überdauern.»

Der «Kampf von Stalingrad» überdauerte in der Tat. Langfristig und namentlich in den fünfziger und sechziger Jahren verlor die von der NS-Propaganda vorgegebene Formel des «heldenhaften Opferganges» der 6. Armee keineswegs an Wirkungskraft. Nur dass sie nun nicht mehr der Verschleierung einer so katastrophalen wie selbst verantworteten Niederlage diente, sondern eine die Deutschen im Allgemeinen und ihre Soldaten im Besonderen von jeder Schuld entlastende Funktion übernahm – eben weil sie als direkt Beteiligte oder als deren Angehörige Opfer der verbrecherischen Politik Hitlers geworden waren. Das war überdies eine Interpretation, die sich problemlos in die Frontstellungen des heraufdämmernden Kalten Krieges und des ihn grundierenden Antikommunismus einpassen ließ und jede Frage nach Schuld, Eigenverantwortung und Verstrickung in die Verbrechen zu unterdrücken vermochte.

Für die noch kommende Dauer des Krieges hingegen stand «Stalingrad» zunächst für eine andere Entwicklung. Tatsächlich begann mit und nach «Stalingrad» die noch in Goebbels' Sportpalastrede so spektakulär inszenierte Einheit zwischen Volk und Führer zu bröckeln, freilich nicht zu brechen. Natürlich können alle Aussagen über kollektive Denk- und Verhaltensweisen immer nur annähernde, eher grobe Einblicke bieten. Doch die Berichte des Sicherheitsdienstes der SS über die Stimmung der Bevölkerung – sie werden schließlich im Juli 1944 auf Betreiben von Goebbels, der sie zuletzt als zu «defätistisch» empfand, eingestellt – zeichnen ein recht eindeutiges Bild. Darin sind die Ereignisse in Stalingrad der immer wieder genannte Bezugspunkt für eine Stimmungsverschlechterung, gar dafür, die Schlacht und ihr Ausgang seien der «Wendepunkt des Krieges». Daran vermochten auch – angesichts der bald zementierten Niederlage in Nordafrika und der zunehmenden, endlich tagtäglichen Luftangriffe auf deutsche Städte und Regionen – die kurzfristigen Erfolge neuer deutscher Offensiven im Osten nichts mehr zu ändern.

Aus all dem folgte bekanntlich kein Widerstand auf breiter Front, keine nun vermehrt feststellbare und wirksame resistente Haltung. Seinen Grund hatte dies darin, dass das Repressionssystem des NS-Staates nach «Stalingrad» neuerlich verschärft wurde und jeden Widerstand schon im Keim erstickte. Aber es liegt auch die Vermutung nahe, dass es eine gar nicht so insgeheime Übereinstimmung zwischen Führung und Geführten gab, nach der eine Niederlage in diesem Krieg unbedingt zu vermeiden war. Ein solches Kriegsende mobilisierte Befürchtungen und Ängste, teils hervorgerufen durch die Propaganda, teils aber auch im Wissen um die Verbrechen oder sogar wegen der je eigenen Beteiligung daran. Schon der SD-Bericht vom 28. Januar 1943 brachte diese Stimmungslage auf den Punkt: Die «Volksgenossen» würden sich angesichts der Lage in Stalingrad «ernsthaft mit den Folgen einer Niederlage» beschäftigen. Manche hätten geäußert, «dass es ‹vielleicht nur halb so schlimm› sein würde», doch die «überwiegende Mehrheit» sei «von der Überzeugung durchdrungen, dass ein Verlust des Krieges dem Untergang gleichkomme. Wenn dieses beängstigende Bewusstsein einerseits auch den Willen, bis zum Letzten durchzuhalten, stärkt, führt es andererseits aber auch dazu, dass viele bereits über die Möglichkeit eines Ausweges für den äußersten

Fall nachdenken und von der letzten Kugel reden, die einem immer noch übrigbleibe, wenn alles zu Ende sei». Bis dahin sollte es noch über zwei Jahre dauern.

2. Triumph und Elend – Die Sieger

Die Rote Armee hatte einen Sieg wie noch nie in diesem Krieg errungen, vor dem auch die Zurückschlagung der Wehrmacht vor Moskau verblasste. Zum ersten Mal war es sowjetischen Armeen gelungen, einer deutschen zu widerstehen, und zwar nicht irgendeiner, sondern der hoch gerühmten 6. Armee, die zu Beginn der Schlacht dem sowjetischen Gegner in allen Belangen überlegen schien. Zudem gelang es, unter strengster Geheimhaltung und zugleich genauester Übermittlung aller entscheidenden Befehle, eine groß angelegte Einkreisungsoperation vorzubereiten und erfolgreich durchzuführen, wobei in der Zusammenarbeit von Luft- und Bodentruppen, im Nachrichtenwesen sowie bei der Führung von großen Panzerverbänden und der Massierung der Artillerie Kampfstärke und starkes Selbstvertrauen gezeigt wurden.

Der Sieg wurde mit riesigen Verlusten und unermesslichem Leid für Soldaten und Zivilisten erkauft. Im Rahmen der Operationen vor und in Stalingrad verlor die Rote Armee zwischen Anfang September 1942 und Anfang Februar 1943 über eine Million Soldaten durch Tod, Verwundung und Gefangennahme. Etwa 13 500 Rotarmisten – eine Zahl, die ungefähr der Stärke einer sowjetischen Division entspricht – wurden überdies wegen Desertion, Befehlsverweigerung, «Feigheit vor dem Feind» und anderer Delikte erschossen, Geschehnisse, über die bis heute nicht oder ungern gesprochen wird.

Etwa 10 000 Stalingrader krochen nach Einstellung der Kämpfe aus den Ruinen der Stadt, darunter 994 traumatisierte Kinder, wie eine rasch durchgeführte Volkszählung ergab, von denen nur neun ihre Eltern wiederfanden. Von den 3 500 sowjetischen Kriegsgefangenen, die von der Wehrmacht in den Lagern Woroponowo und Gumrak konzentriert worden waren, überlebten nach sowjetischen Angaben zwanzig Männer, die anderen

Provisorisches Grab für gefallene sowjetische Soldaten, Stalingrad 1943

waren jämmerlich verhungert oder am Fleckfieber gestorben. Sie hatten zwar offiziell die gleichen Rationen wie die Wehrmacht erhalten, aber ohne die dort immerhin noch vereinzelt vorkommenden, allerdings auch nur bescheidenen Ergänzungen aus kleineren Truppenbeständen; im Januar 1943 hatten deutsche Offiziere entsetzt darüber Meldung gemacht, dass einige Gefangene Kannibalismus betrieben. Nun traf die deutschen Gefangenen ein ähnliches Los wie jenes, das zuvor an den russischen Gefangenen exekutiert worden war. Erst vier Tage nach der Kapitulation trafen erste, kärgliche Verpflegungsrationen ein. Viele waren bis dahin schon auf dem Marsch in die Lager gestorben oder, falls sie verwundet oder einfach zu schwach waren, von sowjetischen Bewachungsmannschaften erschossen worden.

Unter den Siegern beherrschte befreiende Freude über die Niederlage der Wehrmacht die Stimmung. In eigentümlicher Analogie zur deutschen Propaganda, die der Vernichtung der 6. Armee nur mit Lügen und mit dem Rückgriff auf historisch widersinnige Heldenepen beizukommen meinte, kursierten zunächst auch unter den Siegern historische Vergleiche – etwa mit Hannibals Schlachtengenie bei Cannae –, wurde der Sieg allein dem Genius Stalin zugeschrieben und völlig aberwitzige Zahlen und Vermutungen über das Ausmaß der gegnerischen Niederlage machten die Runde. Mancher wähnte sich bereits in Berlin und nicht zuletzt Stalin selbst forderte in der Folge des Stalingrader Sieges rasch vorangetriebene weitere Offensiven, um dem vermeintlich entscheidend geschwächten Hitler-Regime den Todesstoß zu versetzen. Die Offensiven mündeten indessen, übereilt geplant und umgesetzt, zwar zunächst in einige Erfolge, so etwa in der Rückeroberung von Rostow und Charkow. Doch sobald sich die Wetterverhältnisse wieder gebessert hatten, setzte eine von Manstein geleitete Gegenoffensive ein, die bis Mitte März 1943 zur kurzfristigen Rückeroberung der Städte und zum Einmarsch in das Donez-Becken führte. Wiederum verloren annährend 50 000 Rotarmisten das Leben, ob auf dem Schlachtfeld oder in deutscher Gefangenschaft.

Stalingrad bedeutete eben nicht die militärische Wende; immer noch hielt die Wehrmacht große Teile der Sowjetunion besetzt und immer noch war sie vor allem in den Sommermonaten ein starker und in vielen Belangen überlegener Gegner. Daran änderte sich für den Krieg im Osten selbst dann nichts, als am 13. Mai 1943 250 000 deutsche und italienische Soldaten in Tunis kapitulieren mussten – der deutsche Volksmund bildete dafür den Begriff «Tunisgrad» –, mithin der Feldzug in Nordafrika endgültig verloren und es ab nun klar war, dass die alliierte Invasion in Süditalien bald folgen würde. Auch die so genannte «Schlacht im Atlantik», das heißt der Krieg deutscher U-Boote gegen die alliierten Versorgungswege zur See, musste spätestens Ende Mai 1943 als verloren gelten. 41 Boote waren mitsamt ihren Besatzungen in diesem Monat vernichtet worden. Doch erst mit dem Scheitern der «Operation Zitadelle» im Juli 1943, in der die Deutschen versucht hatten, mit starken Panzerkräften – und neu entwickelten Panzertypen wie dem «Tiger» und «Panther» – die in einem Frontabschnitt bei Kursk konzentrierten sowjetischen Truppen einzukesseln und zu zerschlagen, war die Niederlage im Osten, prognostisch seit der Wende vor Moskau absehbar und in dieser Prognose durch Stalingrad neuerlich bestätigt, endgültig und unwiderruflich. Von nun an befand sich die Wehrmacht auf dem Rückzug.

2. Triumph und Elend – Die Sieger

Schon während der Stalingrader Schlacht setzte eine völlige Wende in der Dienst- und Befehlsstruktur der Roten Armee ein, die sich an der einst geschmähten zaristischen Armee orientierte. Bereits im Oktober 1942 wurde der Politische Kommissar in seiner Einfluss- und Befehlsgewalt hinter den militärischen Befehlshaber zurückgestuft; im November schaffte man den «sozialistischen Wettbewerb» in der Armee ab und nach dem Sieg in Stalingrad wurden gar wieder Garde-Regimenter und -Divisionen gebildet. Die Grußpflicht wurde eingeführt und strenger als in jeder vergleichbaren Armee gehandhabt, Offiziere trugen wieder Epauletten – die den zaristischen Offizieren einst abgerissen worden waren –, Offizierskasinos entstanden, der an den glorreichen Sieg über Napoleon mahnende Kutusow-Orden wurde verliehen und 360 Offiziere beförderte man zu Generälen. Sich selbst kürte Stalin – neben vier Generälen, die den Sieg verantworteten – am neu eingeführten «Tag der Roten Armee» (23. Januar 1943) zum Marschall der Sowjetunion. Aber immerhin überließ er seit Stalingrad, anders als Hitler, die Führung der Armee dem Generalstab und den Armeeführern, dessen Offiziere dem Diktator in ihrer Mehrheit offen und relativ frei in ihren Entscheidungen und Berichten gegenübertreten konnten. Erst nach dem Krieg sollten die meisten von ihnen abgesetzt werden, jedenfalls soweit ihre Leistungen und Erfolge im Kriege jene des vermeintlichen «Architekten des Sieges» zu überstrahlen drohten.

Und wo blieben die einfachen Veteranen der Schlacht, die Mannschaften und Frontoffiziere, die – sofern sie den Krieg überlebten – in eine völlig zerstörte Heimat zurückkehrten? Über 50 Prozent des städtischen, nahezu 75 Prozent des ländlichen Wohnraums waren 1945 zerstört, über 30 000 Industriebetriebe, in denen vier Millionen Menschen gearbeitet hatten, gab es nicht mehr. 13–14 Prozent der Vorkriegsbevölkerung, ungefähr 27 Millionen Sowjetbürger, waren getötet worden. Und das Elend ging auch nach dem Krieg weiter. 24 Millionen Stück Vieh waren während des Krieges von den Deutschen gestohlen oder getötet worden, Agrarflächen vernichtet oder ausgelaugt. Zwischen 1946 und 1948 starben in der Sowjetunion nochmals

1,5 bis 2 Millionen Menschen an Hunger und Entkräftung. Hunderttausende, darunter auch Veteranen und Kriegsgefangene, die die deutschen Lager überlebt hatten, sowie Witwen von Stalingrad-Kämpfern, wanderten aus den unterschiedlichsten und fadenscheinigsten Gründen in den Gulag, wo sie indessen wegen den dort gemeinhin täglich verabreichten Essensrationen bessere Überlebenschancen hatten als in der «Freiheit».

Die Gestaltung von Feiern und Gedenkveranstaltungen zum Sieg in Stalingrad blieb dem freien Gestaltungswillen der Veteranen nur in einer kurzen Nachkriegsperiode überlassen. «Dann», so die Historikerin Sabine R. Arnold, «witterte die Staatsführung in der Spontaneität und Unabhängigkeit der Veteranen eine Gefährdung für das autoritäre Staatssystem.» Stalingrad blieb ein Ort des Todes und der Toten – und wurde nun in den kommenden Jahren und Jahrzehnten zugleich zu einer periodisch wiederholten Mahnung an die Davongekommenen, sich ihres Überlebens im kommunistischen Staat zu vergewissern. In Stalin-, ab 1961 Wolgograd wurde auf dem Mamajew-Kurgan, unter der Bezeichnung «Höhe 102» einer der umkämpftesten Orte der Schlacht, eine riesige Gedenkstätte errichtet. Der Tod und das Töten in Stalingrad werden darin kaum oder nur vermittelt dargestellt. Im Mittelpunkt stehen vielmehr die «Soldatenkameradschaft, die unzerbrechliche Geistesgemeinschaft der Kommandeure mit den Soldaten, Bereitschaft zur Selbstaufopferung für die Rettung der Kameraden, Treue zur Fahne, grimmiger Hass gegenüber dem Feind». Das waren Tugenden, die auch im totalitären Frieden erwünscht blieben. Sie resultierten, so die immer wiederholte Formel, aus dem Vermächtnis der Toten, «denen nur durch unermüdlichen Arbeitseinsatz unter der Führung der KP für ihre Opfer gedankt werden» könne.

Ein Platz für die Toten von Stalingrad konnte auf diese Weise – trotz aller ausdrücklichen Monumentalität der Denkmäler – nach wie vor nicht gefunden werden. Vielleicht ist das berechtigt; vielleicht sollte Stalingrad, wie es Theodor Plivier poetisch formulierte, in Erinnerung bleiben als eine «ungeheure Schale der Tränen, ausgeschüttet im Schnee, und nichts soll bleiben, nichts ...».

Epilog

> «... so sag ich: Deutschland! Und ich sage: Stalingrad!»
> *Franz Fühmann, «Die Fahrt nach Stalingrad» (1953)*

Victor Klemperer vermerkte am 24. Januar 1943, als die ersten Eingeständnisse einer Niederlage in Stalingrad, verbunden mit hohen Verlusten, aus den Zeitungsmeldungen herauslesbar waren, dass sich die noch in Dresden lebenden Juden daraufhin «in gehobener Stimmung» befanden – schien doch der Untergang der 6. Armee auf eine Wende an der Ostfront hinzudeuten, die wiederum langfristig die eigene Befreiung verhieß. Allerdings mischte sich «schwere Sorge» in diese Hoffnung: «Alle fürchten wir einen Pogrom, und die im Barackenlager fühlen sich am stärksten bedroht. ‹Uns haben sie beisammen, wir sind mit ein paar Handgranaten zu erledigen.› Das höre ich immer wieder.» Das war eine berechtigte Sorge, denn mit denen «im Barackenlager» waren die im so genannten «Judenlager Hellerberg» festgesetzten Dresdner Juden gemeint. Im März 1943 wurden 293 Juden aus dem Lager nach Auschwitz deportiert.

Erich Kuby hingegen, zu diesem Zeitpunkt Wehrmachtssoldat an der Ostfront, fragte am 11. Februar 1943, wenige Tage nach der Vernichtung der 6. Armee, eine seiner Briefpartnerinnen suggestiv, ob sie etwa glaube, dass «in dieser Masse» von deutschen Stalingrader Toten und wenigen Überlebenden «mehr als, ich schätze hoch, zweitausend gewesen sind, die es nicht herrlich gefunden hätten, als Sieger an der Wolga zu sein und dort Hütten zu bauen?» Und er fuhr fort: «Mitleid? Wer von der Brücke springt und glaubt, er lande unten in einem Polsterstuhl, beunruhigt mich. Niemand hat niemand über das Geländer gestoßen. (...) Ich sehe ein, dass einer Volksgemeinschaft nichts anderes übrig bleibt, hat sie kollektiv sich z. B. Stalingrad eingehandelt, als das kollektive Handeln zu rechtfertigen.»

Ebenfalls im Februar erschien das letzte Flugblatt der studentischen Widerstandsgruppe «Weiße Rose», das von Hans und Sophie Scholl in der Münchener Universität verbreitet wurde: «Kommilitonen! Kommilitoninnen! Erschüttert steht unser Volk vor dem Untergang der Männer von Stalingrad. Dreihundertdreißigtausend deutsche Männer hat die geniale Strategie des Weltkriegsgefreiten sinn- und verantwortungslos in Tod und Verderben gehetzt. Führer, wir danken dir!» Die «Toten von Stalingrad» – sie «beschwören uns» – werden den jungen Widerständlern zu einem Fanal für die Selbstbefreiung der Deutschen, für «die Brechung des nationalsozialistischen Terrors aus der Macht des Geistes». Kurz darauf wurden die Geschwister Scholl vom Hausmeister der Universität beim Verteilen des Flugblattes überrascht und sofort der Gestapo ausgeliefert.

All diese Reflexionen, Empfindungen und Appelle angesichts des Stalingrader Desasters sind vor dem Hintergrund der unterschiedlichen Motivations- und Lebenslagen verständlich und mutig. Doch sie blieben notwendigerweise im privaten Rahmen oder zerbrachen an der Stärke des Terrorregimes. Auch in dessen offizieller, propagandistisch gesättigter Reaktion standen freilich die Toten der Schlacht im Zentrum einer Entwicklung, in der sich das historische Ereignis Stalingrad zu einem Teil des sozialen Gedächtnisses wandelte. Stalingrad wurde «in einen Begriff, ein Symbol transponiert» und «zu einem Element des Ideensystems einer Gesellschaft», um eine Formulierung von Maurice Halbwachs aufzugreifen. Das ist für sich genommen auch kaum erstaunlich. Erstaunlich aber bleibt, mit welcher Geschwindigkeit und Massivität dies im Falle Stalingrads geschah. In einem eigentümlich verqueren Verhältnis zur Verlangsamung des Angriffs und schließlich zum Statischen, zur Bewegungslosigkeit innerhalb des Kessels vollzog sich die Vereinnahmung der Toten blitzschnell und mitunter den historischen Ereignissen selbst vorausgreifend.

Dabei war Stalingrad nicht nur ein Ort deutschen Massentodes, die Stadt war zugleich auch einer der Schauplätze deutscher Massenverbrechen. Während des Nürnberger Prozesses war dies auch noch ganz klar, und Stalingrad gehörte unter Punkt drei der Anklageschrift (6. Oktober 1945) zu jenen Orten, in denen Morde und andere Gräueltaten an der Zivilbevölkerung verübt worden waren. Die Anklage ging davon aus, dass im Gebiet von Stalingrad 40 000 Zivilisten ermordet und «in Stalingrad selbst (...) nach der Vertreibung der Deutschen über tausend verstümmelte Leichen von Ortsbewohnern gefunden» wurden, «die Foltermale aufwiesen, darunter 139 Frauen, denen die Arme in schmerzhafter Weise nach hinten gebogen und mit Draht zusammengeschnürt waren (...)». Diese Dimension Stalingrads ist bisher zwar nicht unbeachtet geblieben, aber kaum ausreichend genug gewürdigt worden, ebenso wenig im übrigen wie die Massivität der deutschen Luftangriffe auf Stalingrad, mit der schon vor dem Einrücken der 6. Armee die Stadt in Schutt und Asche gelegt worden war. Insgesamt geht man mittlerweile von über einer halben Millionen Toten aus, die in der Sowjetunion – ob in Kiew, Minsk oder eben Stalingrad – durch deutsche Bombenangriffe umgekommen sind; ein Tatbestand, der in der aktuellen Diskussion über den Luftterror des Zweiten Weltkriegs allzu leicht vergessen wird.

In den ersten Jahren nach 1945 ist Stalingrad unmittelbar präsent gewesen und vermengte sich mit den deutsch-deutschen Auswirkungen des Krieges. Das betrifft vor allem den Krieg und die Gefangenschaft im Osten: Sibirien als «Nullpunkt der Existenz», die «unermessliche Tiefe des östlichen Raumes», darin Stalingrad als die deutsche Tragödie schlechthin, als «Verdun an der Wolga». Von dort *heimzukehren* kam einer Wiedergeburt gleich, bedeutete in der Regel, im Westen angekommen zu sein. Nicht erst jetzt, aber nun mit besonderer Intensität entstand eine reichhaltige publizistische, autobiographische, militärgeschichtliche, in jedem Falle aber memorierende Auseinandersetzung mit Stalingrad, die sich bis weit in die siebziger Jahre hinein gewollt oder ungewollt in die Frontverläufe des Kalten Krieges integrieren ließ.

In Deutschland bestimmten lange Zeit Kolportageromane über die Schlacht die Erinnerung, etwa Heinz G. Konsaliks 1956 erschienener «Arzt von Stalingrad». Bis 1993 war das Buch, einer von 148 Romanen des Autors, insgesamt 75 Millionen Mal gedruckt und in 39 Sprachen übersetzt worden. Die Deutschen sind darin die «Lehrmeister der Russen», die besseren Offiziere, die besseren Soldaten, die besseren Ärzte, die besseren Ingenieure. «Ich bewundere die Deutschen», sagt Worotilow, der Kommandant des Gefangenenlagers, «was muß man tun, um euch Deutsche unterzukriegen? Es geht nicht durch Hunger! Nicht durch Frieren! Nicht durch Schläge! Nicht durch harte Arbeit! Nicht durch Strafen!» Und schon gar nicht durch die Vernichtung einer ganzen Armee. Sie spielt im Roman als Handlung auch keine Rolle und bleibt als bloß fatale Ursache für die Gefangenschaft im Hintergrund. Entlastung wird hier wortreich und – was den Verkaufserfolg betrifft – auch marktgerecht vermittelt, Entlastung von dem, was die im Gefangenenlager eigentlich «von Russland» erhofften, was sie dort taten oder doch geschehen ließen.

Zwei Jahre nach Erscheinen erfolgte die Verfilmung des Romans, die seither immer wieder in irgendeinem deutschen Fernsehsender wiederholt wird. Überhaupt läuft die Erinnerung beim Stichwort «Stalingrad» vor allem auf schwarz-weiße Filmszenen zu: fiktive zum einen, in denen deutsche Schauspieler wie etwa O. E. Hasse, Mario Adorf, Wolfgang Preiss oder Günther Pfitzmann als Offiziere, Unteroffiziere und Soldaten der Wehrmacht agieren. Sie sind allesamt Verratene oder doch zumindest Vergessene, die im Stalingrader Kessel – fanatischen Durchhaltewillen markierend oder passive Ergebenheit – frieren, hungern und sterben oder aus russischen Gefangenenlagern zu fliehen versuchen. «So weit die Füße tragen» ist der bezeichnende Titel eines 1959 erstmals ausgestrahlten und seither unzählige Male wiederholten TV-Sechsteilers, der auf der Grundlage des gleichnamigen autobiographischen Romans von Josef Martin Bauer (1954) entstanden war. Bauer, der als Oberleutnant in sowjetische Gefangenschaft geriet, schildert darin seine Flucht aus einem sibirischen Gefangenenlager durch die Sowjetunion bis nach Persien.

Zum anderen drapieren aber auch dokumentarische Filmsequenzen die Erinnerung, wie jene etwa, deren Ablauf sich jedem, der sie sah, tief einprägten: Darin schleicht in Stalingrad ein lang aufgeschossener deutscher Soldat, vorgebeugt-vorsichtig an einer Brandmauer entlang, während – Schnitt – ein sowjetischer

Scharfschütze auf ihn anlegt und der Deutsche – Schnitt – sich unvermittelt, aber erwartbar, plötzlich aufrichtet und getroffen langsam in sich zusammensinkt, während – Schnitt – der lachende Scharfschütze von seinen Kameraden beglückwünscht wird. So kam als medialer Niederschlag, auf Zelluloid und in den Kolportage-Texten der Schlacht, noch ein Abglanz ihres Ablaufs auch auf uns, die Nachgeborenen des Wirtschaftswunders.

Für manche hingegen, die in den Osten Deutschlands aus dem Krieg zurückkamen und dort bleiben wollten, geriet die Schlacht an der Wolga zum Erweckungserlebnis, in dem die Erfahrung des Kessels im Gründungsmythos eines neuen Deutschland kulminierte. Er war bereits im «Nationalkomitee Freies Deutschland» angelegt, jener Organisation, die im Juli 1943 von sowjetischen Offizieren in einem Gefangenenlager bei Moskau ins Leben gerufen worden war und der neben kommunistischen Emigranten deutsche Offiziere und Mannschaften angehörten oder nahe standen wie nicht zuletzt Paulus selbst. So intensiv wie weitgehend erfolglos versuchten die Mitglieder des Nationalkomitees, deutsche Truppen zur Aufgabe und zum Widerstand gegen das NS-System zu bewegen.

Ekstatisch beschwor die Schaffung eines neuen Deutschland vor allem der damals junge Kriegsveteran und Schriftsteller Franz Fühmann in seiner 1953 publizierten Dichtung «Die Fahrt nach Stalingrad»:

> Und ich bin Bürger dieses deutschen Landes,
> so sag ich: Deutschland! Und ich sage: Stalingrad!,
> (...) und wir gehen zurück in den Schnee
> und sagen: Vaterland, unser wirst du, wir dürfen dich bauen
> als Freie, du wirst unsres Traumbilds Erfüllung sein,
> wir graben dein Fundament aus der eisverkrusteten Erde!

In Fühmanns Dichtung wird die Schlacht, an der er selbst nicht teilnahm, zur bloßen «Kunde», die als lyrisches «Fundament» für das «Wunder» eines neuen, sozialistischen Deutschland dient, eines «Wunders», das sich der Wahrnehmung der in die Schlacht ziehenden deutschen Soldaten – «verirrte Jugend, die in den Tod geht» – ebenso verdankt wie der Katharsis der Überlebenden in der sowjetischen Gefangenschaft: «O Wunder dieser Gefangenschaft! Die uns einst Feinde hießen, erkennen wir als unsre wahren Freunde.» In dieser «märchengleichen» Sicht der Dinge gerät die «Heldenstadt Stalingrad», wie es in der Widmung der Dichtung steht, zur «Wende und Errettung», zu einem «Durchgang in einen lichten Tag».

Das flirrende Pathos solcher und anderer Verse – und Gründungsmythen – sollte wirkungsvoll erst durch eine gemeinhin dem Dramatiker Heiner Müller zugeschriebene, eigentlich aber, wie Müller selbst anmerkt, vom Dresdner Theaterwissenschaftler und Schriftsteller Bernd Böhmel entwickelte These konterkariert werden. In einem kurzen, autobiographischen Text über die «Erinnerung an einen Staat», aber auch in vielen seiner unzähligen Interviews hat Müller die Vermutung geäußert, dass die seit Stalingrad von der Roten Armee übernommene Strategie der deutschen Wehrmacht «das Ende des sowjetischen Zeitalters eingeleitet» hat. Mit «Strategie» war die Kesselschlacht gemeint. Im weiteren Verlauf der Geschichte aber sei eben diese, eigentlich «konterrevolutionäre» Strategie, deren Vollzug auf der «Abgrenzung nach außen» und der «Kolonisierung der Binnenstruktur» basierte, den «Staatengebilde(n) des Ostblocks» implementiert worden und habe den gesamten Ostblock «zu gefrorenen Kesseln gemacht, bewohnt von gefangenen Befreiten»: So gesehen beginne das «Ende der DDR eigentlich in Stalingrad».

Die Toten der Schlacht blieben indessen schon damals, in Ost wie West, zurück «in eisverkrusteter Erde», wie Fühmann gedichtet hatte. Oder sie tauchten «dort an der Wolga» als «ein unsichtbares riesiges Kreuz» wieder auf, «das seine Schatten über unser Volk wirft und zu unser aller Herzen eine eindringliche, mahnende Sprache redet», wie es 1955 der Stalingrad-Überlebende Joachim Wieder formulierte. Gemeint damit war die Frage nach dem Sinn des Kriegstodes der deutschen Soldaten in Stalingrad, oder, in der pathetischen Sprache Wieders, die Aufforderung, «ihr unvergessliches Opfer sinnvoll zu machen». Aber welche Sprache «reden die Toten»? Und zu wem sprechen sie und für oder gegen was? Die Antworten darauf sind so vielfältig wie der imaginäre Chor der Toten Stimmen hat. Die Botschaft der Toten von Stalingrad ist nicht allein polyphon hinsichtlich ihrer möglichen deutschen Interpretationen; ihre Vielstimmigkeit ist nur zu verstehen, wenn die Stimmen der russischen Deportierten und Ermordeten sowie jene der deutschen Bündnistruppen, vor allem der rumänischen und ungarischen Soldaten, nicht überhört werden. Und trotzdem bleibt die Stadt an der Wolga auch Chiffre für ein immer noch anhaltendes Dilemma der Deutschen: Ihre nationale Identität kreist um das Stigma der von ihnen begangenen Verbrechen – und doch muss im Kontext dieser so berechtigten wie mitunter diffusen Bewegung ein Platz für die eigenen Toten gefunden werden.

Quellen und Literatur

Das Verzeichnis enthält Quellensammlungen und fiktionale Schriften, aus denen die im Text verwendeten wörtlichen Zitate stammen, sowie eine Auswahl der Sekundärliteratur.

Quellensammlungen und fiktionale Literatur

Beyer, Wilhelm Raimund: Stalingrad. Unten, wo das Leben konkret war, Frankfurt am Main 1987.

Buchbender, Ortwin; Reinhold Sterz (Hg.): Das andere Gesicht des Krieges. Deutsche Feldpostbriefe 1939–1945, München 1982.

Domarus, Max (Hg.): Hitler. Reden und Proklamationen 1933–1945, 2 Bände in 4 Teilbänden, Wiesbaden 1973.

Ehrenburg, Ilja: Menschen – Jahre – Leben. Memoiren, Bd. 3, (Ost-)Berlin 1982.

Fröhlich, Elke (Hg.): Die Tagebücher von Joseph Goebbels, 4 Bände, München 1987.

Fühmann, Franz: Die Fahrt nach Stalingrad. Eine Dichtung, Berlin 1953.

Görlitz, Walter: Paulus und Stalingrad. Lebensweg des Generalfeldmarschalls Friedrich Paulus, Frankfurt am Main 1964.

Golovchansky, Anatoly, u.a. (Hg.): «Ich will raus aus diesem Wahnsinn». Deutsche Briefe von der Ostfront 1941–1945. Aus sowjetischen Archiven, Wuppertal 1991.

Halder, Franz: Kriegstagebuch. Tägliche Aufzeichnungen des Chefs des Generalstabes des Heeres 1939–1942. Bearbeitet von Hans-Adolf Jacobsen, hrsg. vom Arbeitskreis für Wehrforschung, 3 Bände, Stuttgart 1962–1964.

Hartlaub, Felix: «In den eigenen Umriss gebannt» – Kriegsaufzeichnungen, literarische Fragmente und Briefe aus den Jahren 1939 bis 1945, hrsg. von Gabriele Lieselotte Ewenz, 2 Bände, Bd. 1, Frankfurt am Main 2002.

Hubatsch, Walther (Hg.): Hitlers Weisungen für die Kriegführung 1939–1945, 2. Auflage, Koblenz 1983.

Klemperer, Victor: Ich will Zeugnis ablegen bis zum letzten. Tagebücher 1942–1945, hrsg. von Walter Nowojski unter Mitarbeit von Hadwig Klemperer, Bd. 2, Berlin 1995.

Kuby, Erich: Mein Krieg. Aufzeichnungen aus 2129 Tagen, Berlin 1999.

Michalka, Wolfgang (Hg.): Das Dritte Reich. Dokumente zur Innen- und Außenpolitik, Bd. 2: Weltmachtanspruch und nationaler Zusammenbruch 1939–1945, München 1985.

Nekrassow, Viktor: Stalingrad. Roman. Aus dem Russischen von Nadeshda Ludwig, Berlin 1992 (1946, 1954).
Plievier, Theodor: Stalingrad. Roman, hrsg. und mit einem Nachwort von Hans-Harald Müller, München 1986 (1943/44, 1946).
Werth, Alexander: Russland im Krieg 1941–1945. Aus dem Englischen von Dieter Kiehl, 2 Bände, München/Zürich 1965.

Sekundärliteratur

Arnold, Sabine R.: Stalingrad im sowjetischen Gedächtnis. Kriegserinnerung und Geschichtsbild im totalitären Staat, Bochum 1998.
Bartov, Omer: Hitlers Wehrmacht. Soldaten, Fanatismus und die Brutalisierung des Krieges. Deutsch von Karin Miedler und Thomas Pfeiffer, Reinbek bei Hamburg 1995.
Beevor, Antony: Stalingrad. Aus dem Englischen von Klaus Kochmann, München 1999.
Behrenbeck, Sabine: Der Kult um die toten Helden. Nationalsozialistische Mythen, Riten und Symbole, Vierow bei Greifswald 1996.
Deutscher, Isaac: Stalin. Eine politische Biographie. Aus dem Englischen von Artur W. Just und Gustav Strohm, Berlin 1990.
Förster, Jürgen (Hg.): Stalingrad. Ereignis – Wirkung – Symbol, München/Zürich 1992.
Gerlach, Christian: Kalkulierte Morde. Die deutsche Wirtschafts- und Vernichtungspolitik in Weißrußland 1941 bis 1944, Hamburg 1999.
Geyer, Michael: The Politics of Memory in Contemporary Germany, Boston 1996.
Heer, Hannes; Klaus Naumann (Hg.): Vernichtungskrieg. Verbrechen der Wehrmacht 1941–1944, Hamburg 1995.
Jahn, Peter (Hg.): Stalingrad Erinnern. Katalog zur gleichnamigen Ausstellung im Deutsch-Russischen Museum Berlin-Karlshorst (15.11.2003–29.2.2004), Berlin 2003.
Kehrig, Manfred: Stalingrad. Analyse und Dokumentation einer Schlacht, Stuttgart 1974.
Kershaw, Ian: Hitler 1936–1945. Aus dem Englischen von Klaus Kochmann unter Mitarbeit von Barbara Ketterle, Wencke Meteling und Brigitte Speith-Kochmann, Stuttgart 2000.
Kluge, Alexander: Schlachtbeschreibung. Roman, Frankfurt am Main 1983 (1964, 1978).
Kumpfmüller, Michael: Die Schlacht von Stalingrad. Metamorphosen eines deutschen Mythos, München 1995.
Latzel, Klaus: Deutsche Soldaten – nationalsozialistischer Krieg? Kriegserlebnis – Kriegserfahrung 1939–1945, Paderborn u. a. 1998.
Merridale, Catherine: Steinerne Nächte. Leiden und Sterben in Russland. Aus dem Englischen von Enrico Heinemann, Karin Schuler und Karin Miedler, München 2001.

Müller, Rolf-Dieter: Hitlers Ostkrieg und die deutsche Siedlungspolitik, Frankfurt am Main 1991.
Overy, Richard: Russlands Krieg 1941–1945. Aus dem Englischen von Hainer Kober, Reinbek bei Hamburg 2004.
Pätzold, Kurt: Stalingrad und kein Zurück. Wahn und Wirklichkeit, Leipzig 2002.
Streit, Christian: Keine Kameraden. Die Wehrmacht und die sowjetischen Kriegsgefangenen 1941–1945, Stuttgart 1978.
Ueberschär, Gerd; Wolfram Wette (Hg.): Stalingrad. Mythos und Wirklichkeit einer Schlacht, Frankfurt am Main 1992.
Wegner, Bernd (Hg.): Zwei Wege nach Moskau. Vom Hitler-Stalin-Pakt bis zum «Unternehmen Barbarossa», München 1991.
Wieder, Joachim: Stalingrad und die Verantwortung des Soldaten. Mit einem Geleitwort von Helmut Gollwitzer, Frankfurt am Main u. a. 1963.

Nachweis der Abbildungen und Karten

Karten auf den Umschlaginnenseiten: © cartomedia/Karlsruhe
Seite 6: Aus: Stalingrad erinnern. Stalingrad im deutschen und im russischen Gedächtnis. Ausstellung im Deutsch-Russischen Museum, Berlin-Karlshorst; Christoph Links-Verlag, Berlin 2003.
Seite 100 und 113: Fotoagentur Voller Ernst, Berlin

Register

Auf die Nennung von «Stalingrad» wurde verzichtet.

Arnold, Sabine 116
Auschwitz 41

Befehl Nr. 227 51 f., 61, 71
Befehl Nr. 270 23, 51
Babi Jar 65
Bauer, Josef Martin 120
Besymenski, Lew 102 f.
Blitzkrieg 9, 14, 36, 40, 42
Bloch, Marc 89
Bock, Fedor von 40
Böhmel, Bernd 122
Brauchitsch, Walther von 11, 35, 40
Brest-Litowsk 20, 45
Bündnistruppen 55 f., 74 f.

Charkow 50, 114
Chruschtschow, Nikita 14, 58
Clausewitz, Carl von 41
Clausius, Oberst im Generalstab 101

Don 69, 75
Donez-Becken 10, 29, 114
Donskoij, Demetrius 34

Ehrenburg, Ilja 26, 31, 61
Erster Weltkrieg 17, 38, 41, 45, 84, 89, 98
Europa 106 f.

Feldpostprüfung 98 f.
Fühmann, Franz 117, 121

Generalplan Ost 26
Geyer, Michael 41
Goebbels, Joseph 13, 15, 19, 35, 48, 96, 100, 108 f.
Göring, Hermann 107
Görlitz, Walter 68
Groscurth, Helmut 66
Großer Terror 18, 23

Guderian, Heinz 29, 40
Gulag 22, 23, 116
Gumrak 95, 112

Haager Landkriegsordnung 27
Halbwachs, Maurice 118
Halder, Franz 11, 28 f., 39, 53 f., 76
Hartlaub, Felix 47
Heeresgruppe Mitte 29, 32, 47, 57, 78
Heeresgruppe Nord 29, 30, 57
Heeresgruppe Süd 12, 29, 34, 45, 47, 51, 53
Himmler, Heinrich 26, 66
Hindenburg, Paul von 38
Hitler, Adolf 9, 13, 17 f., 24, 26, 29, 30 f., 34 f., 38 f., 45 f., 50, 53 f., 57, 61 f., 76, 86 f., 105, 108 f.
Hitler-Stalin-Pakt *siehe* «Nichtangriffspakt»
Hoepner, Erich 40
Hoth, Hermann 34, 93
Hungertod 17, 44, 90

Jodl, Alfred 31, 55

Kiew 29, 64, 119
Klemperer, Victor 117
Kluge, Hans Günter von 57
Kommissar-Befehl 24, 27
Konsalik, Heinz G. 119
Kriegsgefangene 25, 40
Kriegsneurosen 84 f.
Kriegswirtschaft 43 f., 48 f., 77
Kuby, Erich 117
Kumpfmüller, Michael 107 f.
Kutusow, Michail 34

Latzel, Klaus 103
Lebensraum im Osten 17, 43
Leningrad 29 f., 42, 57
Ludendorff, Erich 38

Majakowski, Wladimir 33
Mamajew-Kurgan 79, 81, 116
Mannerheim-Linie 13
Manstein, Erich von 35, 97 f., 114
Mechlis, Lew S. 51
Merridale, Catherine 28, 53, 85
Minsk 12, 119
Moskau 10 f., 26, 28, 31 f., 39, 48, 57, 114
Müller, Heiner 122
Mussolini, Benito 56, 75

Napoleon Bonaparte 9, 115
Nationalkomitee Freies Deutschland 121
Nekrassow, Viktor 75
Newski, Alexander 33
Nichtangriffspakt, deutsch-sowjetischer 16
Niemeyer, Oberstleutnant 76
NKWD 15, 22, 27, 31, 52, 59, 61, 71, 76

Operation Uranus 78 f., 81
Ostarbeiter 23
Ostfront 8, 36, 46

Partisanen 24, 28, 41
Patriotismus 22, 52, 61
Paulus, Friedrich Wilhelm 55, 66 f., 68 f., 75, 76, 79, 85, 87, 91, 93, 99 f., 102 f., 105
Pearl Harbor 35
Plievier, Theodor 91 f., 94, 116
Propaganda 27, 60, 100 f., 110 f.

Reichenau, Walther von 34, 63, 66
Renoldi, Generalstabsarzt 91, 96
Reuber, Kurt 92
Richthofen, Wolfram von 55
Rokossowskij, Konstantin 73
Rommel, Erwin 53, 57, 58
Rosinski, Herbert 42

Säuberungen 18, 19
Sauckel, Fritz 44
Schlieffen, Alfred Graf von 41
Schmidt, Arthur 102
Scholl, Sophie und Hans 118

Schukow, Georgi 9, 19, 32, 77
Sechste Armee 7, 55, 62, 63 f., 69, 72, 75, 85, 106
Seydlitz(-Kurzbach), Walther von 7, 102
Smolensk 28
Sorge, Richard 19
Speer, Albert 44
Stalin, Josef 14, 16, 18, 19, 20 f., 26, 32 f., 47 f., 50 f., 59 f., 69, 77, 113 f., 115 f.
Stalinismus 8
Stalinorgel 21, 83
Stendhal 88
Strafbataillone 51 f., 61
Stuka 21, 82
Suworow, Alexander 34

T 34 21, 58
Timoschenko, Semjon 13, 14, 19
Tobruk 54
Tolstoi, Lew 88
Tschuikow, Wassili 73, 80, 83
Tuchatschewski, Michail 18

Verdun 105 f., 119
Vernichtungskrieg 8, 17, 33, 40 f.
Völkischer Beobachter 9, 107

Wagner, Eduard 62
Wagner, Winifred 110
Wassilewski, Alexander 77
Wegner, Bernd 47
Weihnachten 92 f., 94, 96 f.
Weisung Nr. 21 10, 17
Weisung Nr. 41 45, 53
Weisung Nr. 45 55
Wieder, Joachim 107, 122
Wilhelm II., dt. Kaiser 38
Winniza 76, 79
Wolga 7, 8, 10, 39, 58, 60 f., 69
Woronow, Nikolaj 73
Woroschilow, Kliment 14

Zarizyn 58, 60
Zedtwitz, Graf von 98 f.
Zeitzler, Kurt 37, 54, 93
Zitzewitz, Cholestin von 93, 96
Zyklon B 41